Maschinelle Verarbeitung des Turkmenischen

vorgelegt von

Majid Amanzadeh

Majid Amanzadeh

MASCHINELLE VERARBEITUNG DES TURKMENISCHEN

ibidem-Verlag
Stuttgart

Die Deutsche Bibliothek - CIP-Einheitsaufnahme:

Ein Titeldatensatz für diese Publikation ist bei
Der Deutschen Bibliothek erhältlich

∞

Gedruckt auf alterungsbeständigem, säurefreien Papier
Printed on acid-free paper

ISBN: 3-89821-064-2

Printed in Germany

INHALTSVERZEICHNIS

1. Einleitung

1.1. Ziel dieser Arbeit

Die vorliegende Arbeit kann man nicht eindeutig einem wissenschaftlichen Gebiet zuordnen. Sie enthält sowohl computerlinguistische als auch turkologische Abschnitte, die sich aus der historischen Entwicklung der Arbeit ergeben haben.
Ursprünglich war das Ziel dieser Arbeit, ein System zur automatischen Erkennung von einfachen, gesprochenen turkmenischen Sätzen zu erstellen. Dabei ergaben sich ständig Probleme, weil es kaum grundlegende Literatur über die turkmenische Sprache gibt. Die existierenden Arbeiten sind nicht von muttersprachlichen Turkmenen verfaßt - beispielsweise O. Hanser, "Turkmen Manual [...]" - und enthalten oft inhaltliche Fehler. Deswegen wurde das Ziel der Arbeit abgeändert.
Statt der angestrebten Satzerkennung wurde nur eine Worterkennung mit Hilfe des Isadora-Systems implementiert, aber dafür ein neuer einleitender turkologischer Teil hinzugefügt, in dem vom Autor, der Turkmenisch als Muttersprache spricht, die wichtigsten Eigenschaften der Sprache formal beschrieben werden, um als Grundlage für weitere Arbeiten im Bereich Turkologie und Spracherkennung zu dienen.

1.2. Aufbau der Arbeit

Im ersten Teil der Arbeit wird Grundlegendes über das Turkmenische und seine Position innerhalb der türkischen Sprachfamilie behandelt. Danach folgt in Kapitel drei die Beschreibung der turkmenischen Phonetik und Lautharmonie. Kapitel vier behandelt die Morphologie und den Aufbau der Wörter und des Prädikats im Turkmenischen. Das fünfte Kapitel beschreibt kurz die Syntax des Turkmenischen. Im sechsten Kapitel wird dann kurz der LFG-Formalismus beschrieben und eine LFG-Grammatik für einen Teil der Turk-

menischen Sprache entwickelt. Das siebte Kapitel behandelt dann die Implementierung der Spracherkennung im Isadora-System und eine kurze Einführung in die Arbeit mit Isadora.
Dieses Kapitel war ursprünglich nicht Bestandteil der abgegebenen Dissertation, obwohl es inhaltlich ein wesentlicher Bestandteil dieser Arbeit ist. Es beinhaltet eine Zusammenfassung der Ergebnisse und Probleme dieser Arbeit. In Kapitel acht werden die verwendeten Abkürzungen und Symbole beschrieben. Die Bibliographie bildet das neunte Kapitel, woran sich als Anhang im zehnten Kapitel der zur Verifikation meines LFG-Modells des Turkmenischen benutzte Parser-Programmtext anschließt.

1.3. Zur Implementierung agglutinierender Sprachen

Diese Arbeit verbindet die Ergebnisse zweier Forschungsgebiete und baut darauf auf. Dies sind einerseits die Informatik und andererseits die Linguistik. Ich werde im folgenden kurz auf beide Gebiete getrennt eingehen, soweit sie für unser Thema wichtig sind, um nachher die von mir gewählte Art der Verknüpfung beide Gebiete besser deutlich machen zu können.
Die Informatik beschäftigt sich mit der Verarbeitung eingegebener Daten. Das bedeutet, daß das Eingabeproblem auf jeden Fall gelöst werden muß. Eingabeverfahren sind viele denkbar: Vom Lochstreifen über die Tastatur bis zum Mikrofon sind den Möglichkeiten keine Grenzen gesetzt.
Der größte Teil des Informationsaustausches zwischen Menschen geschieht durch gesprochene Sprache. Schon deswegen ist es sinnvoll, den Informationsaustausch zwischen Mensch und Maschine auf die gleiche Art zu bewerkstelligen.
Gegenüber der konventionellen Methode, über Tastatur und Bildschirm mit dem Computer zu kommunizieren, gibt es dabei folgende Vorteile:

- Man kann schneller sprechen als schreiben. Bei der Kommunikation über eine Tastatur ergeben sich Raten von 10 - 150 Wörtern pro Minute. Dagegen erreicht man bei der gesprochenen Sprache ohne Probleme 120 - 250 Wörter pro Minute. Außerdem muss man sehr intensiv trainieren, um die oben erwähnten 150 Wörter pro Minute zu erreichen.

- Es ist keine spezielle Schulung oder Ausbildung notwendig. Um die Tastatur effizient bedienen zu können, muss man zunächst die Bedienung der Tastatur erlernen (zum Beispiel Kontrolltasten oder Sondertasten usw.).
- Der Benutzer kann sich während der Kommunikation frei bewegen.
- Mikrofon und Lautsprecher nehmen wesentlich weniger Platz als Tastatur und Bildschirm ein.
- Durch das weltweite Telefonnetz kann man praktisch von überall mit dem Computer kommunizieren.

Nachteile der Kommunikation per gesprochener Sprache sind:

- Das Erkennen gesprochener Sprache ist wesentlich komplizierter als das Parsen geschriebener Befehle. Deshalb braucht man sehr leistungsfähige Computer, die natürlich teurer sind.
- Die Erkennung gesprochener Sprache ist nicht 100%ig korrekt, das heißt, es gibt immer die Möglichkeit, daß der Computer einen Satz falsch erkennt.

Versuche zur mündlichen Dateneingabe via Mikrofon gibt es bereits seit mehreren Jahren, allerdings ist die praktische Benutzbarkeit für Normalbenutzer (Menschen wie du und ich) erst in allerjüngster Zeit möglich.
Programme zur Spracheingabe (Diktierfähigkeit und allgemein Steuerung von Computerfunktionen) sind inzwischen auf dem Markt erhältlich. Jeder, der mit solchen Programmen bereits gearbeitet hat, weiß, daß die Entwicklung noch am Anfang steht. Die Sprecher einundderselben Sprache sind voneinander in Ihrer persönlichen Aussprache sehr verschieden, und deshalb muß sich ein Spracherkennungsprogramm in einer Lernphase an jeden einzelnen Sprecher gewöhnen.
Dies ist aber nicht unser Problem. Wir beschäftigen uns hier damit, eine Sprache - in unserem Fall das Turkmenische - derart zu beschreiben, daß sie den logischen Anforderungen eines Computerprogramms entspricht.
Man sieht also, daß Linguistik und Informatik einander ergänzen müssen. Die Linguistik beschäftigt sich damit, Sprachgesetze, das heißt logische Abhängigkeiten zwischen Sprachelementen, zu erforschen. Dies macht sie schon immer. Es kommt nun darauf an, diese Gesetze in Computeralgorithmen zu übertragen. Dies für einen Teil der turkmenischen Sprache durchzuführen ist Ziel meiner Arbeit. Da ich turkmenischer Muttersprachler bin und es für das Turkmenische (jedenfalls in der "westlichen" Fachliteratur) an geeigneten

computerverwertbaren linguistischen Erkenntnissen mangelt, habe ich mich entschlossen, Regeln für die Worterkennung durch den Computer zu erarbeiten, indem ich zuvor einige unentbehrliche Phänomene turkmenischer Wortbildung in Gesetze fasse. Dabei stellt sich heraus, daß die allgemein übliche linguistische Beschreibung des Turkmenischen dazu bei weitem nicht ausreicht. Die Notwendigkeiten der Computerisierung führen damit zur Entdeckung und Formulierung neuer, zuvor unbekannter linguistischer Regeln. In der Tat: Linguistik und Informatik befruchten sich wechselseitig.
Das Turkmenische ist insbesondere deswegen ein lohnendes Objekt, weil die bis jetzt üblichen Sprachverarbeitungsprogramme alle auf der Basis indoeuropäischer Sprachen erstellt wurden (hauptsächlich Englisch). Daher dient mein Projekt auch der Überprüfung, inwieweit die in bezug auf Englisch gewonnenen Erkenntnisse übertragbar oder verallgemeinerbar sind.
Aufgrund der agglutinierenden Struktur des Turkmenischen scheinen viele Probleme der syntaktischen Analyse auf die Ebene der Morphologie verschoben: Die relevanten Einheiten erscheinen fast ausschließlich in der Form gebundener Morpheme, das heißt, es fehlen weitgehend die grammatischen Funktionswörter etwa der indoeuropäischen Sprachen. Als Konsequenz daraus ergibt sich, daß wichtige syntaktische Informationen (meistens nur) aus der morphologischen Analyse zu gewinnen sind.
Die meisten Spracherkennungssysteme sind aber für indoeuropäische Sprachen wie Englisch oder Deutsch entwickelt worden. In diesen Systemen werden alle möglichen Flexionsformen, in denen ein Wort auftreten kann, als unabhängige Wörter implementiert. Das heißt, die Wörter 'achtundzwanzigster' und 'achtundzwanzigsten' sind für das System genauso verschieden wie 'Aachen' und 'übermorgen'.

Für agglutinierende Sprachen würde schon die Anzahl der Kombinationsmöglichkeiten, die durch die Suffigierung des Wortstammes gebildet werden können, ein solches System sehr aufwendig machen. T. Güngör erwähnt in seiner Arbeit "Computer Processing of Turkish: Morphological and Lexical Investigation [...]" auf Seite 3, daß ein einzelner Nomenstamm über 10.000.000 Wörter bilden kann (s. Kap. 8.2.4, S. 138).

Deshalb war es naheliegend, die Morphologie der Sprache in das Spracherkennungssystem mit zu integrieren, das heißt, Wortstämme und Suffixe werden als eigenständige Einheiten betrachtet.

Dabei werden Konstruktionen benutzt, die in Isadora (s. Schukat-Talamazzini 1995) eigentlich zur Modellierung der Satzstruktur gedacht sind. Da die turkmenische Morphologie sehr regelmäßig ist, können diese Regeln aber auch dafür benutzt werden. (Siehe Kap. 8.2 zu Isadora)
Als Folge der agglutinierenden Struktur des Turkmenischen scheinen viele Probleme der syntaktischen Analyse auf die Ebene der Morphologie verschoben:
Die relevanten Einheiten erscheinen fast ausschließlich in der Form gebundener Morpheme, das heißt, es fehlen weitgehend die grammatischen Funktionswörter etwa der indoeuropäischen Sprachen.
Als Konsequenz daraus ergibt sich, daß wichtige syntaktische Informationen (meistens nur) aus der morphologischen Analyse zu gewinnen sind.
Unabhängig von der großen Vielzahl der Kombinationen in agglutinierenden Sprachen stellt sich die Frage, ob es sinnvoll ist, die Morphologie der Sprache im System abzubilden, wie in dieser Arbeit, oder ob es besser ist, wie in vielen anderen Arbeiten, die Wörter als atomare, unabhängige Einheiten zu betrachten.
Meiner Meinung nach ist es besser, die Regeln explizit in das System einzubauen, weil sonst die morphologischen Regeln der Sprache zum Teil in die phonologischen Regeln (in Form eines größeren 'Wortschatzes' mit vielen sehr ähnlichen Wörtern) und zum Teil in die syntaktischen Regeln (welche die verlorengegangenen Beziehungen zwischen verschiedenen Formen desselben Wortes wieder erstellen müssen) verlagert werden und diese dadurch komplexer werden.
Ein lernendes System wie das Isadora-Programm mag zwar in der Lage sein, die morphologischen Gesetzmäßigkeiten der Sprache selbständig zu lernen, allerdings wären dafür natürlich ein größerer Trainingsaufwand und mehr Satzbeispiele notwendig. Außerdem sind automatisch gelernte Regeln immer mit einer gewissen Unsicherheit verbunden, da das System immer nur bestimmte Beispiele lernt und von diesen Einzelfällen eine Verallgemeinerung

bilden muss. Es kann aber durchaus sein, daß zwar alle Beispiele korrekt erkannt werden, trotzdem aber die Regeln nicht 100%ig richtig gelernt wurden, so daß bei anderen Sätzen Fehler auftreten.
Wenn die Implementierung der Regeln in einigen Zeilen möglich ist, wie in diesem Fall, ist es auf jeden Fall besser, diese explizit in das System einzubauen.
In dieser Implementierung ist aber nicht nur eine Aufteilung der Wörter in den Wortstamm und die Suffixe vorgenommen worden, sondern es sind auch die Regeln der Lautharmonie für die Suffixe nachgebildet worden. Dadurch werden Wortbildungen wie zum Beispiel 'adam-ler', die bei einer einfachen Implementierung möglich wären, ausgeschlossen. Das Ziel dabei war es, die Anzahl der erlaubten Wörter möglichst gering zu halten, um den Trainingsaufwand zu reduzieren. Außerdem können diese Regeln dem System bei der Worterkennung helfen. Wenn zum Beispiel eine Endung klar erkannt wurde, die der a-Harmonie entspricht, kommen nur Wortstämme aus dieser Harmonie in Frage, was die Anzahl der möglichen Stämme einschränkt.

Die Regeln der Lautharmonie sind in Kapitel 3.7 erläutert. Außerdem werden in dem System einige weitere Regeln, wie zum Beispiel das Einfügen eines Vokals zwischen einem Stamm, der mit einem Konsonanten endet, und einer Endung, die mit einem Konsonanten anfängt, implementiert.
Die Idee der Implementierung ist die, daß man nach jedem Bestandteil des Wortes (Stamm oder Suffix) weiß, in welcher Harmonie der vorangehende Teil ist und ob er auf einen Konsonanten oder Vokal endet. Die Suffixe werden in allen möglichen Harmonien und zum Teil mit und ohne Einfüge-Vokal definiert.
Dadurch erhält man sehr einfache Regeln, wie ein Wort aufgebaut werden kann. Zum Beispiel: Nach einem Nominalstamm in der a-Harmonie (a oder I), der auf einen Konsonanten endet, darf nur ein Possessivsuffix folgen, wenn es auch in der a-Harmonie ist und mit einem Vokal beginnt.
Dann werden die Bestandteile in Gruppen mit gleichen Eigenschaften eingeteilt (Subclassing), zum Beispiel bezeichnet 'NStamm_a_k' alle Nominalstämme in der a-Harmonie, die auf einen Konsonanten enden, und

'Poss_a_k_v' alle Possessivsuffixe in der a-Harmonie, die nach einem Konsonanten stehen können und mit einem Vokal enden (s. Anhang 2, S. 202). Mit der Adjazenzmatrix (s. Schukat-Talamazzini 1995) können diese Regeln dann kompakt dargestellt werden. Aufgrund der dargestellten Strukturen des Turkmenischen und der daraus resultierenden Konsequenzen für eine maschinelle Prozessualisierung solchen Sprachmaterials erweist sich das ursprünglich ebenfalls verwendete Isadora-System als unzweckmäßig und wurde nicht weiter berücksichtigt.
Statt der angestrebten Satzerkennung wurde deshalb eine Worterkennung implementiert und ein zweiter Teil hinzugefügt, in dem die wichtigsten Eigenschaften vor allem der syntaktisch relevanten Einheiten formal beschrieben wurden, um als Grundlage für weitere Arbeiten im Bereich der Turkologie und der Spracherkennung zu dienen.

1.4. Die Komplexität

Die Komplexität der automatischen Erkennung der gesprochenen Sprache hat verschiedene Gründe, zum einen sind die Sprachsignale oft undeutlich (durch überlagerte Nebengeräusche, Rauschen bei der Aufnahme, Verzerrung durch Telefon etc.). Zum anderen wird das gleiche Wort von verschiedenen Personen oft unterschiedlich ausgesprochen.
Ein wesentliches Problem liegt aber auch in der Sprache selbst. Wir empfinden einen gesprochenen Satz als eine Folge von unabhängigen diskreten Lauten. Im Sprachsignal gibt es aber keine Grenzen zwischen den Lauten. Die Sprache ist ein kontinuierlicher Übergang zwischen den verschiedenen Lauten. Selbst zwischen den Wörtern eines Satzes gibt es im allgemeinen keine erkennbaren Pausen (s. Schukat-Talamazzini 1995).
Die Wortgrenzen müssen also auch vom Spracherkennungssystem bestimmt werden. Dieser Vorgang ist normalerweise nicht eindeutig, da eine bestimmte Lautfolge oft auf verschiedene Weisen als Wortfolge interpretiert werden kann (Ambiguität).
Durch die oben erwähnten Störungen des Sprachsignals ist normalerweise nicht davon auszugehen, daß eine 100%ige Erkennung eines Wortes gelingt.

Daher erhält man in den meisten Fällen nicht eine einzelne Wortfolge als Ergebnis der Spracherkennung, sondern mehrere, die mit einer akzeptablen Wahrscheinlichkeit dem Sprachsignal entsprechen.
Durch die syntaktische Analyse werden dann die ungrammatischen Wortfolgen herausgefiltert. Trotzdem bleiben häufig mehrere Sätze übrig. Oder es können einzelne Wörter des Satzes durch Störgeräusche unterdrückt werden, so daß unter Umständen einige Satzbestandteile in der Syntaxanalyse fehlen.
Durch diese Unsicherheit in den einzelnen Erkennungsschritten, die ein Ausprobieren mehrerer Alternativen erforderlich machen, und die hohe Anzahl an Kombinationsmöglichkeiten in der Sprache ergibt sich ein enormer Rechenaufwand, der einen leistungsfähigen Computer erfordert.

1.5. Eine einfache formale Grammatik für die turkmenische Sprache

Bevor man ein Spracherkennungssystem für eine Sprache programmiert, sollte man eine abstrakte Syntax für den Teil der Sprache, den man erkennen möchte, zugrunde legen.
Weil für das Turkmenische keine Beschreibung der formalen Grammatik vorliegt[1], auf die man sich beziehen kann, müssen wir zunächst selber eine einfache Grammatik für die turkmenischen Sprache entwickeln (zum Turkmenischen s. Benzing 1939).
Eine Grammatik ist ein Formalismus, der eine bestimmte Sprache beschreibt, das heißt, daß er entscheiden kann, welche Äußerungen in der Sprache korrekt und welche falsch sind, und daß er zu einer gegebenen korrekten Äußerung eine Beschreibung der Struktur liefern kann (vgl. Lyons, John 1972 und Hugues, Michel 1975).
Im Gegensatz zur traditionellen Grammatik basieren die Regeln einer formalen Grammatik nicht auf umgangssprachlichen Beschreibungen der Spra-

[1] Benzing, Johannes: "Classification of Turkic Languages" (in Philologiae Turcicae Fundamenta [Bd. I/1]) - Wiesbaden: Harrassowitz 1959

che, sondern auf einem mathematischen Regelsystem. Der Vorteil der formalen Grammatik liegt im wesentlichen darin, daß der Formalismus selbst keine vorgegebenen Annahmen über die betroffene Sprache enthält, so daß wirklich alle syntaktischen Eigenschaften der Sprache in die Grammatik mit eingearbeitet werden müssen (vgl. Lyons, John 1972).
Es gibt mehrere etablierte Formalismen für die Beschreibung natürlicher Sprachen, zum Beispiel GB, GPSG, HPSG oder LFG, die alle von der Phrasenstrukturgrammatik von Chomsky abgeleitet sind und deshalb in ihrer Grundstruktur sehr ähnlich sind (vgl. etwa Gazdar, G. / Klein, E. / Pullum, G. / Sag, I. 1985, Sells, P. 1985 und Pollard, C./ Sag, I. 1994).
In dieser Arbeit verwende ich den LFG-Formalismus, auf den wir in dem sechsten Kapitel ausführlich eingehen werden.
Außerdem weise ich darauf hin, daß man die Ergebnisse dieser Arbeit wegen der strukturellen Ähnlichkeit der oghusischen Sprachen mit geringem Aufwand auf das Türkeitürkische und das Aserbaidschanische übertragen kann. Denn gleichartige Satzstruktur, Lautharmonie und das agglutinierende Prinzip liegen allen Turksprachen weitgehend zugrunde.

1.5.1. Die Turksprachen

Die Turksprachen gehören strukturell zu den synthetisch-agglutinierenden Sprachen, das heißt, Derivation und Ausdruck grammatischer Kategorien wird mit Hilfe von Suffixen (Endungen) vorgenommen (s. Philologiae Turcicae Fundamenta [Bd.I], 1959; vgl. Kap. 8.2.3, S. 137).
Sie sind meist streng systematisch aufgebaute Sprachen, das heißt, es gibt sehr wenig Ausnahmefälle von grammatischen Regeln. Die normale Stellung der Satzglieder ist Subjekt - Objekt - Prädikat. Sie können aber auch in anderer Reihenfolge erscheinen, um mitteilungsperspektivische Modifikationen auszudrücken (s. etwa Johanson, Lars: "Bestimmtheit und Mitteilungsperspektive im türkischen Satz" in Altaica Osloensia, 1991).
Typisch ist weiterhin, daß in der Nominalphrase alle originär türkischen Modifikatoren wie Attribute (Adjektive, Genetive, Relativsätze etc.) und Präpositionalphrasen vor dem Nomen kommen (s. Johanson, Lars: "Sprachbau und Inhaltssystem am Beispiel des Türkischen" in Altaica Osloensia 1991).

Das bedeutet, daß die Turksprachen Head-final-Sprachen sind, das heißt, es gilt das sogenannte "Grundgesetz der Altaistik": "Das näher Bestimmende steht vor dem näher zu Bestimmenden." (s. Menges, Karl-Heinrich 1968).

1.5.2. Das Turkmenische

Turkmenisch gehört zu den südwestlichen Turksprachen der oghusischen Gruppe. Es wird von ca. 6 Millionen Menschen muttersprachlich gesprochen, die in der Region östlich vom Kaspischen Meer leben. Es ist seit dem 24.05.1990 Amtssprache in der Republik Turkmenistan (s. Guboglo, Michail 1994).
Struktur, Herkunft und Entwicklung der turkmenischen Sprache war in der Sowjetunion zwar Thema zahlreicher Forschungen, die aber in nur wenigen Fällen publiziert und weiterverbreitet wurden. So mußten westliche Forscher mit sehr wenigen, oftmals veralteten Quellen auskommen.
Ich werde im zweiten Kapitel ausführlich auf die Eigenschaften und Besonderheiten des Turkmenischen innerhalb der Turksprachen eingehen.
In meiner Untersuchung habe ich mich auf den turkmenischen Dialekt YOMUT bezogen, der die Grundlage der Schriftsprache der Republik Turkmenistan bildet (s. Oskar Hanser , "Turkmen Manual", 1977).

1.5.3. Die Geschichte und die Entwicklung der Turksprachen

Weil im europäischen Raum fast nur das Türkeitürkische bekannt ist, möchte ich ein kurzes allgemeines Kapitel über die Turksprachen einfügen. Dadurch soll der Leser einen Überblick über die verschiedenen Formen der Turksprachen bekommen.

1.6. Erhebung und Eingabe der Daten

Die akustischen Daten sind von mir und drei weiteren Turkmenen, die in Deutschland leben, aufgenommen worden. Alle Sprecher stammen aus dem

iranischen Teil Turkmenistans und sprechen den Yomut-Dialekt als Muttersprache.
Die Sprachaufnahmen wurden im Computerlabor der Technischen Fakultät der Universität Bielefeld aufgenommen. Die Sprecher mussten dafür vorgegebene Sätze oder Wörter vom Bildschirm ablesen und in ein Mikrofon sprechen.
Für die Sprachaufnahmen mussten dann manuell Labeldateien (s. Kap. 8.2.4, S. 138) erstellt werden. Dabei muß die Aufnahme in einzelne Sätze, Wörter und Laute zerlegt werden, deren Anfang und Ende in der Labeldatei eingetragen werden. Da insgesamt ca. 1300 Aufnahmen (bestehend sowohl aus einzelnen Wörtern, aber auch aus Einzelsätzen bis hin zu ganzen Dialogen) gemacht wurden, war dies ein sehr aufwendiger und zeitraubender Teil der Arbeit. Das Training des Spracherkennungssystems funktioniert dagegen vollautomatisch.

1.7. Die verwendete Transkription

Vor der Oktoberrevolution bedienten sich die turkmenischen Schreiber meist der persischen und der tschagataischen Schriftsprache, dabei ist tschagataisch eine Turksprache, die vom 13. Jh. an vor allem in Zentralasien verwendet wurde. Erst sehr spät drangen Elemente der tatsächlich gesprochenen Sprache in dieses Tschagataisch, das ursprünglich einer anderen Untergruppe der Turksprachen angehörte als das Turkmenische, ein. (s. Philologiae Turcicae Fundamenta [Bd.II],1959).
Nach der Oktoberrevolution wurde in der UdSSR vom Jahre 1928 bis 1940 zunächst eine lateinische Schrift eingeführt. Unter Stalin im Mai 1940 wurde diese Schrift wieder durch eine kyrillische Schrift ersetzt. Seit dem Zerfall der UdSSR ist in der Republik Turkmenistan wieder eine lateinische Schrift eingeführt worden, die aber nicht identisch mit der lateinischen Schrift ist, die vorher benutzt wurde.
Die neue Schrift wird noch nicht in allen Bereichen eingesetzt, soll aber langfristig die kyrillische Schrift ablösen. So finden wir die neue Lateinschrift etwa auf Plakaten und in Zeitungen, während staatliche Erlasse zumindest bis

1996 noch in kyrillischer Schrift herausgegeben werden. Auf den Schulen beginnt zu dieser Zeit die allmähliche Einführung des neuen Alphabets.
Im iranischen und afghanischen Teil Turkmenistans wird immer noch die arabische Schrift benutzt.
In dieser Arbeit werde ich nicht die turkmenische Schreibweise, sondern die in der sprachwissenschaftlichen Turkologie allgemein übliche Transkription verwenden.

1.7.1.1 Tabelle 1

Arabisches Alphabet	Lateinisches Alphabet bis 1937	Kyrillisches Alphabet bis 1990	Lateinisches Alphabet ab 1990	hier benutztes Alphabet
آ ا	A a	А а	A a	A a
ب بـ	B b	Б б	B b	B b
ج جـ	Ç ç	Ч ч	Ç ç	Č č
د ـد	D d	Д д	D d	D d
إ ـإ	E e	Э э	E e	E e
أ ـأ	Ə ə	Ә ә	Ä ä	Ä ä
ف ـف	F f	Ф ф	F f	F f
گ (غ) ـگ (ـغ)	G g	Г г	G g	G (Ğ) g (ğ)
خ ـخ	H h	Х х	H h	H h
اي ای	I i	И и	I i	I i
ج ـج	C c	Җ җ	J j	J̌ ǰ
ژ ـژ	Ƶ ƶ	Ж ж	Ž ž	Ž ž
ک ـک	K k	К к	K k	K k
ل ـل	L l	Л л	L l	L l
م ـم	M m	М м	M m	M m
ن ـن	N n	Н н	N n	N n
	Ņ ņ	Ң ң	Ň ň	Ŋ ŋ
أو ـأو	O o	О о	O o	O υ
	Θ ɵ	Ө ө	Ö ö	Ö ö
پ ـپ	P p	П п	P p	P p
ر ـر	R r	Р р	R r	R r
ث س ص ـث ـس ـص	S s	С с	S s	S̱ s̱
ش ـش	Ş ş	Ш ш	$ ¢	Š š
ت ط ـت ـط	T t	Т т	T t	T t
او ـاو	U u	У у	U u	U u
	Y y	Ү ү	Ü ü	Ü ü

و ه	V v	В в	W w	W w
	b b	Ы ы	Y y	Ï ï
	J j	Й й	¥ ÿ	Y y
ظ ض ذ ز ظ ض ذ ز	Z z	З з	Z z	Z̲ z̲

Tabelle 1

Bemerkung:
Im Programmteil (Kapitel 6 und 7, sowie im Anhang) dieser Arbeit war der Verfasser dazu gezwungen, sich an den Datenverarbeitungsfähigkeiten der benutzten Software zu orientieren. Dies zog die Notwendigkeit nach sich, die Laute des Turkmenischen entsprechend, das heißt abweichend von der dargestellten Tabelle, zu kodieren. Sowohl aus den jeweiligen Programmanweisungen als auch aus den beigefügten Programmkommentarzeilen geht aber hervor, wofür die dort verwendeten Kodierungen stehen. In Verbindung mit den übrigen zuvor in dieser Arbeit zur turkmenischen Grammatik gegebenen Informationen sollten sich also keine Verständnisprobleme ergeben.

1.8. Literatur über die turkmenische Sprache

1.8.1. Allgemein

Über das Turkmenische existiert sehr wenig Literatur[2] in nichtrussischen europäischen Sprachen. Es finden sich nur vereinzelte deutschsprachige monographische Darstellungen wie "Über die Verbformen im Turkmenischen" von Benzing, Johannes (1939), und es existiert im Englischen nur das Buch "Turkmen Manual" von Oskar Hanser (1977).
Zu Hansers Buch sei aber angemerkt, daß das Buch sehr viele Fehler, besonders in den Beispielen, enthält. Wer die turkmenische Sprache nicht

[2] Poppe, Nicholas: Introduction to Altaic linguistics / by Nicholas Poppe. - Wiesbaden: Harrassowitz, 1965, XIII, 212 S.: (Ural-Altaische Bibliothek; 14)

kennt, sollte dieses nicht benutzen. Auf keinen Fall darf es als Grundlage für wissenschaftliche Arbeiten verwendet werden.

Zwei Beispiele:

Auf Seite 59/17 schreibt Hanser "Biz̲ öz̲ümiz̲ aldïm. Biz̲iŋ öz̲ümiz̲ aldïm." Richtig wäre statt Singular "[allim]" der Plural "[allïk]".

Auf Seite 26/7 gibt Hanser Regeln für die Aussprache des Konsonanten "h" an und bringt als Beispiele "Šah" [ša:h] und "mihman" [mï:hma:n]. Die Worte werden im Turkmenischen jedoch [ša:] und [mï:ma:n] ausgesprochen, das h bleibt jeweils stumm. Auch die Schreibweise "mihman" ist falsch. Das Wort ist ein Lehnwort aus dem Persischen und wird "mehman" geschrieben (s. Kap. 3.3.4.5., S. 42).

Diese Beispiele zeigen, daß es viele kleine Fehler in dem Buch gibt, teilweise sogar mehrere in einem Beispiel, die in dieser Arbeit natürlich nicht alle korrigiert werden können. Wenn sich aber ein Fehler in einem hier behandelten Beispiel befindet, wird darauf hingewiesen.

In den Kapiteln drei bis fünf habe ich mich an die Struktur des Buches "Turkmen Manual" gehalten, um einen Vergleich mit dem Buch leichter zu machen, und auch einige Beispiele, natürlich in korrigierter Form, übernommen.

Außerdem sind verfügbar:

Clark, Larry: Turkmen refence grammar/ Wiesbaden: Harrassowitz 1998 (Turcologica; Bd.34)

Benzin, L. : Le Turkmene, in: Philologiae Turcicae Fundamenta, Tomus I, pp. 308 - 317, Wiesbaden, 1959.

Dulling, G.K. : An Introduction to the Turkmen Language, issued by the Central Asian Research Centre in association with St. Anthony's College (Oxford), Soviet Affairs Study Group, 1960.

1.8.2. Wörterbücher

Mitteilungen der Societas Uralo-Altaica, Heft 1, Westturkestan, Hamburg, 1968. Krüger, J.R.: The Turkic Peoples, Uralic and Altaic Series, 32, pp. 324-354 on Turkmenistan and Turkmens.

Tekin, Talat / Ölmez, Mehmet / Ceylan, Emine / Ölmez, Zuhal / Eker, Süer: Türkmenče-Türkge Sözlük, Ankara, 1995.

1.8.3. Handbücher

Handbuch der Orientalistik, Erste Abteilung, 5. Band, Altaistik, 1. Abschnitt, Turkologie, Leiden-Köln, 1963 "Die Südwestdialekte des Türkischen", A. v. Gabain, pp. 174 - 204.

Räsänen, M. : Versuch eines Etymologischen Wörterbuches der Turksprachen, Helsinki, 1969, Lexica Societas Fenno-Ugricae, XVII, 1.

Benzing, Johannes: "Le Turkmen" (in Philologiae Turcicae Fundamenta [Bd. I]) - Wiesbaden: Harrassowitz, 1959

1.9. Aufbau der Arbeit

Im zweiten Kapitel wird Grundlegendes über das Turkmenische und seine Position innerhalb der türkischen Sprachfamilie behandelt. Danach folgt in Kapitel drei die Beschreibung der turkmenischen Phonetik und Lautharmonie. Kapitel vier behandelt die Morphologie und den Aufbau der Wörter und des Prädikats im Turkmenischen. Das fünfte Kapitel beschreibt kurz die Syntax des Turkmenischen. Im sechsten Kapitel wird dann kurz der LFG-Formalismus beschrieben und eine LFG-Grammatik für einen Teil der turkmenischen Sprache entwickelt. Das siebte Kapitel behandelt dann die Implementierung der Spracherkennung im Isadora-System und eine kurze Einführung in die Arbeit mit Isadora. Dies beinhaltet eine Zusammenfassung der Ergebnisse und Probleme dieser Arbeit. In Kapitel acht werden die verwendeten Abkürzungen und Symbole beschrieben. Die Bibliographie bildet das neunte Kapitel, woran sich als Anhang im zehnten Kapitel der zur Verifikation meines LFG-Modells des Turkmenischen benutzte Parser-Programmtext anschließt.

2. Das Turkmenische im Kreise der Turksprachen

2.1. Geographischer Überblick

Die Turksprachen und -dialekte werden von Europa bis Nordchina und von Sibirien bis zum persischen Golf gesprochen.
Über die Frage, ob die Turksprachen zusammen mit den mongolischen und tungusischen Sprachen zur altaischen Sprachfamilie gehören, möchte ich mich nicht äußern, sondern mich auf die Darstellung ihrer geographischen Verbreitung beschränken.
Obwohl es in historischer Zeit keine dauerhafte politische, soziale oder kulturelle Gemeinschaft der Turkvölker gegeben hat, sind große Teile der grammatischen Struktur (der Satzbau, das Prinzip der Vokalharmonie und der agglutinierende Aufbau) der Turksprachen und Dialekte sehr ähnlich.
Zu den wenigen Ausnahmen von der Vokalharmonie zählt beispielweise die Schriftsprache der Usbeken, die durch den kulturell bedingten Einfluss der persischen Sprache verändert wurde. Abweichende Satzbaupläne finden sich etwa im Gagausischen und Karaimischen. In verschiedenen Dialekten des Usbekischen ist die Vokalharmonie aber immer noch vorhanden.
Johannes Benzing unterteilt in Philologiae Turcicae Fundamenta (1959) die Turksprachen nach linguistischen und geographischen Gesichtspunkten:

2.2. Die bulgarische Gruppe

Die Gruppe der bulgarischen Turksprachen mit Tschuwaschisch (in der mittleren Wolgaregion).

2.3. Die Nordwest- oder kiptschakische Gruppe

Dazu gehören

- die nordkaukasischen Turksprachen Karatschaisch, Balkarisch und Kümükisch,
- die wolgatürkischen Idiome Tatarisch und Baschkirisch,
- die scheinbar näher verwandten Sprachen Kasachisch, Nogaisch und Karakalpakisch,
- Kirgisisch,
- die extrem westlichen Idiome Karaimisch und Krimtatarisch.

2.4. Die osttürkische- oder uigurische Gruppe

- Usbekisch wird vor allem in der Republik Usbekistan und Nordafghanistan gesprochen. Im Usbekischen gibt es Wechselwirkungen mit dem Turkmenischen, dem Kasachischen und dem Persischen.
- Neuuigurisch, gesprochen im Osten Turkistans und im Westen Chinas.

2.5. Das Nordosttürkische

- Beim Nordosttürkischen handelte es sich wohl um eine junge areale Gruppe, die aus Mitgliedern verschiedener anderer Untergruppen besteht (s. Schönig, Claus, in Altaica Osloensia 1990). Dazu gehört:
- Lenatürkisch (Jakutisch und Dolganisch).

Zu der südsibirischen Gruppe gehören

- das Altaitürkische (Oirotisch),
- Jenissejtürkisch (Schorisch und Chakasisch),
- Sajantürkisch (Tuvinisch und Karagassisch).

2.6. Südwestliche Turksprachen der Oghusischen Gruppe

Die Sprachen der oghusischen Gruppe können ab dem 11. Jahrhundert nachgewiesen werden. Dazu gehören:

- Osmanisch/Türkeitürkisch,
- Aserbaidschanisch, gesprochen in der Republik Aserbaidschan und in weiten Teilen des Irans, vor allem im Nordwesten, Fars bei Schiraz lebenden Aynallu und Kaschkai können ihnen zugerechnet werden. Diese Sprache wird fast bis zum persischen Golf gesprochen.

- Turkmenisch, gesprochen in der Republik Turkmenistan, im Nordosten des Iran am Kaspischen Meer und im Nordwesten Afghanistans bis Herat.
- Die in Irak, Syrien und Libanon lebenden, "Turkmenen" genannten Gruppen gehören sprachlich gesehen den Westoghusen zu, sind also im sprachwissenschaftlichen Sinne von den "echten" ostoghusischen Turkmenen zu unterscheiden. Ihre Bezeichnung geht vielleicht auf einen alten Gebrauch des Wortes Turkmen in nahöstlichen islamischen und byzantinischen Quellen für in Stämmen organisierte, "irreguläre" türkische Verbände zurück.
- Andere vor allem in Iran, Afghanistan und den neuen zentralasiatischen Republiken beheimatete Gruppen, wie zum Beispiel die Chorassan-Turken.
- Durch die Forschung von Gerhard Dörfer in den frühen 70er Jahren haben wir weiterhin erfahren, daß das Chaladsch (in der Nähe der zentraliranischen Stadt Ghom) eine eigene archaische Gruppe der Turksprachen bildet.

Es gibt fünf Hauptdialekte der turkmenischen Sprache, nämlich YOMUT, TEKE, GÖKLENG, SARIK, ARSARI, außerdem gibt es verschiedene kleinere Dialekte, wie Abdel, Agar, Arabadschi, Alali, Änew, Bayat, Salar, Sakar, Sukhl, Düyedschü, Chowsur, Olam, Nokhur, Yasir etc.
Die Dialekte YOMUT und TEKE werden von den meisten Linguisten als die Dialekte angesehen, die am meisten zur Bildung einer literarischen Sprachen beigetragen haben (Oskar Hanser 1977,4).

2.7. Literaturangaben zur Unterteilung der Turksprachen:

1) Benzing, Johannes: "Classification of Turkic Languages" (in Philologiae Turcicae Fundamenta [Bd. I/1]) - Wiesbaden: Harrassowitz, 1959

2) Poppe, Nicholas: Introduction to Altaic linguistics / by Nicholas Poppe. - Wiesbaden: Harrassowitz, 1965, XIII, 212 S.: (Ural -Altaische Bibliothek; 14)

Menges, Karl H. : The Turkic languages and Peoples: an introduction to Turkic studies / by Karl H. Menges. - Wiesbaden: Harrassowitz, 1968, XIII, 248 S.: (Ural -Altaische Bibliothek; 15)

Schönig, Claus: "Das Türkeitürkisch - eine zentrale Randsprache" (in Journal of Turkology) Vol.1, No.1 Summer 1993 - Wiesbaden

3. Lautlehre

3.1. Die Vokale

Die Vokale sind: a, ï, o, u, e, i, ä, ü, ö. Sie können lang oder kurz sein[3]. Ein Verzeichnis von turkmenischen Wörtern mit Langvokalen bietet etwa Tekin 1995[4].

Die folgende Übersicht zeigt die kurzen Vokale und ihre phonetische Transkription in Isadora[5]:

Tabelle 2

	ungerundet		rund		ungerundet		rund	
hoch	i	[i]	ü	[y]	ï	[I]	u	[u]
mittel	e	[e]	ö	[q]			o	[o]
tief	ä	[@]			a	[a]		

Die Vokallänge im Turkmenischen hat phonematische Relevanz, das heißt, sie bewirkt Bedeutungsunterschiede. Die Länge oder Kürze eines Vokals zeigt sich jedoch normalerweise nicht in der Orthographie (s. aber langes [ü:]).

Lange Vokale sind entweder aus dem Alttürkischen bewahrt, oder sie sind auf sekundäre Längung (siehe unten) zurückzuführen.

Beispiele:

[a:k]	"weiß"	langer Vokal
[ak]	"fließe"	kurzer Vokal
[a:č]	"hungrig"	langer Vokal
[ač]	"offen"	kurzer Vokal

---

3 Sie können allesamt im An-, In- und Auslaut einer Silbe erscheinen, primäre, das heißt alte Langvokale erscheinen nur in erster Silbe.

4 Tekin, Talat: "Turk Dillerinde Birincil Uzun Ünlüler" Ankara 1995

5 Integrated System for the Automatic of Observation Sequences of Real-Valued Arrays

[o:t]	"Feuer"	langer Vokal
[ot]	"Gras"	kurzer Vokal
[gö:r]	"Grab"	langer Vokal
[gör]	"sieh"	kurzer Vokal
[u:č]	"Rand"	langer Vokal
[uč]	"flieg!"	kurzer Vokal
[dü:š]	"Traum"	langer Vokal
[düš]	"fall!"	kurzer Vokal
[ğï:z̳]	"Mädchen"	langer Vokal
[ğïz̳]	"Sei begeistert!"	kurzer Vokal
[pi:l]	"Schaufel"	langer Vokal
[pil]	"Elefant"	kurzer Vokal

Nur langes /ü/ wird in der kyrillischen Schrift durch die Zeichengruppe "üy" wiedergegeben.
Ein Beispiel:
[dü:yš] "Traum".

3.2. Sekundäre Längen

Auf sekundäre Längung gehen all die Langvokale des heutigen Turkmenischen zurück, die nicht im Alttürkischen bereits lang waren.

Es gibt zwei Typen von sekundären Längen:

- Solche, die durch Kontraktion (Zusammenziehungen) entstehen, und
- solche, die durch spontane Längung zustande kommen.

3.2.1. Kontraktionen

Beispiel für Kontraktion im Wortstamm:

[değil] wird zu [dä:l] "nicht".

Beispiel für Länge in Suffixen:

Adverbiale Endungen (alter Instrumental) [-I:n]:
[ğïš + ï:n] wird zu [ğïšï:n] "im Winter".

Die partizipialen Endungen bei der Negation sind (man und män) <*-mAGAn:
[ber + mä:n] "nicht geben" wird zu [bermän].
[bol + ma:n] "nicht seiend" wird zu [bolman].

Distributives Partizip mit den Endungen(_lA:p, -lA:n) (<*-lAylp, *_lAyln):
[o:n + la:p] wird zu [o:llap] "zu zehnt".

Beispiel für Kontraktionen bei Suffixantritt:

1) Dativ (Altürk.* + GA)

   (gapï + DAT) wird zu [gapa:] "zur Tür".

2) Für das Gerundium auf [-p-]:

   [belle + Ip] wird zu [bellä:p] "bemerken".

3) Verbalendungen:

   Aorist:
   [berer] wird zu [be:r] "gibt, wird geben".

4) Verbalsuffix: [a:y] und [ä:y]

   [ala:ya:r] wird zu [ala:r] "er nimmt es".

5) Partizip Perfekt (mit [-an-] und [-en-])

[ölen adam] "gestorbener Mann".

6) Endung der Gegenwart (ya:r und yä:r) aus -yA:r (<*-yorlr) und -yA:r (<*-yorgan)

[uč̆ya:r] "fliegen".

Die älteren Formen der Gegenwart bei folgenden Verben.

[du:r + l4r]	"steht"	wird zu	[du:r].
[otï:r + l4r]	"sitzt"	wird zu	[otï:r].
[yö:r + l4r]	"geht"	wird zu	[yö:r].

3.2.2. Spontane Längen

Daneben können bei bestimmten Suffixen auch spontane Längen auftreten.
Beispiele:
1) Relationalsuffix:

[ba:ğda + ki] wird zu [ba:ğda:ki] "im Garten befinden".

2) Genetiv- und Akkusativendungen:

Gen.	[ğarï + (n)Iŋ]	wird zu	[ğarï:niŋ]	"von dem alten Mann".
Akk.	[ğapï + (n)I]	wird zu	[ğapï:nï].	

3) In Possessivsuffixen der ersten- und zweiten Person Singular und Plural:

[alma + (I)m]	wird zu	[alma:m]	"mein Apfel".
[ata + (I)m]	wird zu	[ata:m]	"mein Vater".

aber:

[baba + (I)m]	wird zu	[bavam] oder [babam]
[ene + (I)m]	wird zu	[enem].

4) In Formen wie (Vergleiche Anmerkung s. unten Kap. 4)

[bu:] "dies"	wird zu	[munï:m]	"Dies ist meines".
[šu:] "dies"	wird zu	[šunï:m]	"Dies ist meines".

3.3. Die Konsonanten

Das Turkmenische verfügt über 20 Konsonanten, die in der neuen Orthographie durch 19 Zeichen ausgedrückt werden. Die Asymmetrie entsteht dadurch, daß /g/ und /ğ/ durch ein einziges Zeichen (g) bezeichnet werden. Hinzu kommen die Konsonanten, die nur in Lehnwörtern erscheinen.

3.3.1. Labiale Konsonanten:

3.3.1.1. Der Laut [p]

Ein stimmloser bilabialer Verschlußlaut /p/, wie im deutschen "Kappe", erscheint in allen Positionen.

Beispiele:

[pul]	"Geld"
[ğapak]	"Deckel"
[ya:p]!	"schließ!"

Bemerkung: In dem Dialekt Yomut, der von im Iran lebenden Turkmenen gesprochen wird, wird ein /f/ anstelle von /p/ gesprochen. Z.B.

[telfek] anstelle von [telpek] "Hut".

-/b/ im Auslaut der entlehnten Wörter wird zu einem stimmlosen bilabialen Verschlußlaut /p/.

Beispiel:

/klub/ wird ausgesprochen [klup].

3.3.1.2. Der Laut [b]

Ein stimmhafter bilabialer Verschlußlaut /b/, wie im deutschen "Blatt". Er erscheint im An- und Auslaut

Beispiele:

[boğas̲] wird ausgesprochen [boğos̲] "Hals".

Im Auslaut wird /b/ stimmschwach artikuliert [B], z. B. : [ya:B]

[ga:B] "Teller".

Im Inlaut wird /b/ als stimmhafter labiodentaler Frikativ /v/ gesprochen, z. B.:

/oba/ wird [o:vo] "Dorf" ausgesprochen.

/bilbil/ wird [bilvil] "Nachtigall" ausgesprochen.

3.3.1.3. Der Laut [f]

/f/ ist ein stimmloser Labiodental-Frikativ. Er erscheint nur in entlehnten Wörtern.

Beispiel:

[štra:f] wird umgebildet zu [ïštïra:f] "Strafe".

3.3.1.4. Der Laut [w]

/w/ ist ein stimmhafter bilabialer Frikativ (oder Halbvokal).

a) Im Anlaut erscheint er nur in Wörtern persisch-arabischen Ursprungs, zum Beispiel in:

[we] "und",

[watan] "Vaterland".

b) Im In- und Auslaut erscheint er auch in turkmenischen Erbwörtern, zum Beispiel in:

[tawšan] "Hase",

[a:w] "Jagd".

Man beachte, daß die Lautgruppe [-uw] im Auslaut [-u:] gesprochen wird, vor vokalischem Anlaut des Suffixes wird sie dann jedoch wieder zu -uw- erweitert.

Beispiele:

[s̲u:]	"Wasser"	wird zu	[s̲uwïŋ].	
[Baku]	wird im Genetiv zu		[Bakuwïn]	"Bakus [der Stadt Baku] ".

3.3.1.5. Der Laut [m]

/m/ ist ein stimmhafter, bilabialer Nasal und erscheint in allen Positionen.
Beispiele:

[men] "ich",
[yaman] "schlecht",
[dem] "Atem".

3.3.2. Dentale Konsonanten:

3.3.2.1. Der Laut [t]

/t/, ein stimmloser dentaler Verschlußlaut, erscheint in allen Wortpositionen.
Beispiele:

[toy] "Fest",
[Gatïk] "Sauermilch",
[At] "Pferd".

3.3.2.2. Der Laut [d]

/d/, ein stimmhafter dentaler Verschlußlaut, erscheint am Wortanfang und in der Mitte von Wörtern.
Beispiele:

[demir] "Eisen",
[Yedi] "sieben".

Im Auslaut wird /d/ stimmschwach artikuliert [D], das heißt
[Ašgaba:D] anstelle von [Ašgabad]

3.3.2.3. Die Laute [s̲] und [z̲]

Die Sibilanten /s̲/ und /z̲/ sind im Turkmenischen zu interdentalen Frikativen 's̲' (wie "thin" im Englischen) und 'z̲' (wie "then" im Englischen) verschoben. Dies gilt für Erb- und für Lehnwörter.
In der Orthographie werden aber in allen Alphabeten weiter die s- bzw. z-Zeichen verwendet.

3.3.2.3.1. Der Laut [s̲]

/s̲/, ein stimmloser interdentaler Frikativ, spricht sich in turkmenischen Wörtern genau wie im Englischen "faith", "thin".
Beispiele:

[s̲en]	"Du".
[mes̲ele]	"Problem, Frage".
[na:mïs̲]	"Scham".

3.3.2.3.2. Der Laut [z̲]

/z̲/, ein stimmhafter interdentaler Frikativ, wird gesprochen wie im Englischen "then, there".
Beispiele:

[z̲er]	"Gold",
[yüz̲ük]	"Ring",
[s̲a:z̲]	"Musik",
[kalxo:z̲]	"Kolchose",
[z̲avo:t]	"Fabrik".

3.3.2.4. Der Laut [š]

/š/, ein stimmloser palataler Frikativ (Sibilant), wie im Englischen "she", erscheint in allen Positionen.
Beispiele:

[di:š]	"Zahn",
[towšon]	"Hase",
[šeker]	Zucker",
[i:š]	"Arbeit".

3.3.2.5. Der Laut [ž]

/ž/ ist ein stimmhafter dentaler Frikativ (Sibilant) wie im französischen "Journal". Dieser Laut erscheint nur in Lehnwörtern.
Beispiele:

[aždar]	"Drache",
[žurnal]	"Zeitung".

3.3.2.6. Der Laut [č]

/ č /, ein stimmloser dentaler Affrikat wie im Englischen "chair", erscheint in allen Positionen.
Beispiele:

[čukur]	"Höhle",
[ačï̆k]	"offen",
[üč]	"drei".

Bemerkung: von Asimit im Inlaut kann sich "č" in "š" verwandeln, etwa
[ač] "Öffne!" wird zu [ašdï] "er hat geöffnet".

3.3.2.7. Der Laut [ǰ]

/ǰ/ ist ein stimmhafter dentaler Affrikat wie im englischen "jam".
Beispiele:

[gi:ǰ ä]	"Nacht",
[ǰoğa.p]	"Antwort",
[eǰä]	"Mutter".

Im Auslaut wird /ǰ/ stimmschwach artikuliert.

3.3.2.8. Der Laut [n]

/n/ ist ein stimmhafter dentaler Nasal wie im englischen "night", der in allen Positionen erscheint.
Beispiele:
"nar" wird ausgesprochen [na:r] "Granatapfel";

[s̲en] "Du";
[dünyä] "Welt".

3.3.2.9. Der Laut [l]

/l/, ein stimmhafter alveolarer Liquid wie im deutschen "soll", erscheint in allen Positionen. Gemäß der Lautharmonie besitzt /l/ eine velare und eine palatale Aussprachevariante, die allerdings im Rahmen dieser Untersuchung nicht berücksichtigt werden müssen.

Beispiele:

[al] "nimm!",
[altï] "sechs",
[lamp] "die Lampe".

3.3.2.10. Der Laut [r]

/r/ ist ein stimmhafter alveolarer Liquid (Zungenspitzen-r), der sehr stark ausgesprochen wird (wie im Spanischen). Dieser Laut besitzt in Abhängigkeit von seiner Umgebung viele verschiedene Aussprachevarianten im Hinblick auf Rollung und Stärke, die aber im Rahmen dieser Untersuchung keine Rolle spielen und deshalb nicht besonders bezeichnet werden.

Beispiele:

[gara] "schwarz, dunkel",
[i:r] "früh, rasch",
[ba:r] "es gibt".

3.3.3. Mittlere Zungenlaute:

Der Laut [y]

/y/ ist ein stimmhafter palataler Frikativ (Halbvokal) wie im englischen "your". Dieser Laut erscheint in allen Positionen.

Beispiele:

[öy] "Haus",
[yüŋ] "Wolle",

[haywa:n] "Tier".

3.3.4. Hintere Zungenlaute:

3.3.4.1. Der Laut [k]

/k/ ist ein stimmloser gutturaler Klusil in vordervokalischen Wörtern wie im englishen "key".

Beispiele:

[iki] "zwei"

[gök] "grün"

[kevelek] "Schmetterling".

Sporadisch kann /k/ vor allem in arabisch-persischen Lehnwörtern auch in Silben mit velarem Vokal erscheinen.

/k/ [q] ist ein velarer stimmloser Klusil in velarer Umgebung.

Beispiele:

[aqïl] "verstehen, Intelligenz",

[oq] "Pfeil".

3.3.4.2. Der Laut [g]

/g/ ist ein stimmhafter Klusil in palataler Umgebung (eine stimmhafte Variante zu /k/, abhängig von der Position in der Nachbarschaft von vorderen oder hinteren Lauten). Wie auch bei dem Laut /ğ/ ist die genaue Artikulation von /g/ stark von der jeweiligen Umgebung abhängig.

Beispiele:

[gü:č] "Kraft",

[göz̲] "Auge",

[gi:č] "spät".

3.3.4.3. Der Laut [ğ]

/ğ/ ist ein stimmhafter Frikativ in velarer Umgebung (das stimmhafte Gegenstück zu /q/). Wie auch bei /g/ ist die genaue Artikulation dieses Lautes von der Umgebung abhängig.

Beispiele:

[ğardaš]	"Bruder",
[ağšam]	"die Nacht",
[yağday]	"die Situation",
[ğurï]	"trocken",
[ğarï:p]	"Arm".

3.3.4.4. Der Laut [ŋ]

/ŋ/, ein stimmhafter velarer Nasal, erscheint niemals am Anfang eines Wortes.

Beispiele:

[deŋiz̲] "See",

[müŋ] "tausend".

3.3.4.5. Der Laut [h]

/h/, ein stimmloser velarer Frikativ, erscheint fast ausschließlich in Lehnwörtern zwischen Vokalen und niemals im Auslaut.

Beispiele:

Nicht (pers.) [ša:h],	sondern	(turkm.) [ša:]	"Herrscher, König";
nicht (pers.) [mehman],	sondern	(turkm.) [mï:man]	"der Gast"[6] (s. Kap. 1.8.1, S.25).

Eines der wenigen turkmenischen Erbwörter mit h- ist [hays̲i] "welche" < atü. qanö + pos. = qanösi.

3.3.4.6. Der Laut [x]

Daneben existiert /x/, ein gutturaler stimmloser Frikativ, der am Anfang eines Wortes und im Inlaut erscheint. Dieser Laut kommt ebenfalls nur in Lehnwörtern vor.

---

6 Zwischen Vokal und Konsonant fällt der Laut /h/ meistens aus. So wird das Wort "mehman" nicht, wie Hanser 1977 (26/7) fälschlich schreibt, als [mï:hman], sondern als [mï:man] ausgesprochen.

Beispiel:

[taixa:n] "Bauer"

In der Aussprache der meisten Turkmenen ist er allerdings zu /h/ verschoben. So hört man neben seltenem

[baxar]	"Frühling"	vor allem die Aussprache	[bahar],
[z̲ähmet] ~ [z̲ä:met]		anstelle von	[z̲äxmet],
[hiyaban]		anstelle von	[xiyaban].

3.4. Auflösung von Konsonantengruppen in Lehnwörtern

Folgen in einem Wort zwei Konsonanten an einer Silbengrenze aufeinander, so wird in den meisten Turksprachen zwischen den beiden Konsonanten ein Vokal eingefügt.

Beispiele:

(arab.) aql "Verstand" > (tü.) akïl "id.".

3.5. Silbenstruktur

Die turkmenische Silbenstruktur erlaubt in der Hauptsache nur das Vorkommen von Konsonantengruppen, bestehend aus zwei Konsonanten des Typs Sonorant + Klusil (etwa -yk, -nt, -lt, -rk, -rt) sowie auch der Typen Sibilant + Klusil [-st] und Sonorant + Sibilant [-rs] im absoluten Auslaut.

Kurze hohe Vokale einer nichtersten, geschlossenen Silbe im Stammwortauslaut können ausfallen, wenn ein vokalisch auslautendes Suffix antritt.

Beispiel:

[burun] wird nicht [burunum], sondern [burnum] "meine Nase".

Voraussetzung dafür ist, daß nach Ausfall des Vokals und der damit eintretenden Verschiebung der Silbengrenze eine erlaubte Lautkombination entsteht.

Dies trifft auch auf manche Zusammensetzungen zu, Beispiel:

on + iki > oniki > onki "zwölf".

3.5.1. Das Weglassen von Vokalen in der Flexion von Nomen und Verben

a) Enden zwei- oder dreisilbige Wörter auf [k] oder manchmal auch auf [i] oder [r], dann verliert die Possessivendung in der dritten Person den Vokal, wenn ein Suffix des zweiten, dritten oder vierten Falles (Genetiv, Dativ, Akkusativ) folgt.

In den Wörtern mit auslautenden hohen Vokalen wie zum Beispiel
[ileri] "südwärts, vorwärts" und
[yokorï] "nach oben, ostwärts"
entfällt der Auslautvokal vor dem Antrittskonsonanten des Suffixes:
[ileri+lemek] wird zu [ilerlemek] "nach vorne gehen";
[ileri+ki] wird zu [ilerki] "die vorne".

b) Tiefe, auslautende Vokale können entfallen, wenn das betreffende Wort mit einem folgenden Wort in inniger Verbindung gesprochen wird. Dabei tritt häufig zusätzlich Assimilation der nun aneinanderstoßenden Konsonanten auf.
Ein Beispiel:
[näme+boldï] wird zu [nä:mmollï] "Was war los?".

c) Werden Wörter mit Auslautvokal in enger Verbindung mit solchen mit Anlautvokal gesprochen, entfällt der Auslautvokal des ersten Wortes.
Ein Beispiel:
[ğara + at] wird zu [ğarat] "schwarzes Pferd".

3.6. Das System der Vokalharmonie

Im System der Vokalharmonie werden in den Turksprachen –und so auch im Turkmenischen - die Vokale in zwei grundlegende Kategorien eingeteilt: Palatale und velare, das heißt, ein türkisches Wort enthält entweder nur palatale oder nur velare Vokale. (Zu den Vokalen s. Kap. 3.1. und die Tabelle der kurzen Vokale oben).

3.7. Labialharmonie

Weiterhin zeigt das Turkmenische (wie auch andere Turksprachen) eine zusätzliche Labialharmonie, das heißt, daß auf einen labialen Vokal nur ein labialer Vokal folgen kann.
Im Turkmenischen ist die Labialharmonie auf hohe und tiefe Vokale ausgedehnt. Allerdings wird in der Schrift die Labialharmonie nur für hohe Vokale der ersten und zweiten Wortsilbe ausgedrückt.
Die Labialisierung der Vokale wird ab der dritten Wortsilbe geschwächt. Anstelle von vollen Vokalen werden reduzierte gesprochen.
Ein Beispiel:
[oglanlarïmlzda] wird gesprochen wie [oglonlormuzzo] "mit unseren Söhnen".
Von den Langvokalen in zweiter Wortsilbe werden die tiefen Vokale nicht von der Labialharmonie betroffen.
Ein Beispiel:
[oqa:] (nicht: *[oqo:] !)
Die Wörter mit langem hohen Vokal [ï] in zweiter Wortsilbe sind bis zu einem gewissen Grad labialisiert, so daß man oft nicht unterscheiden kann, ob [ï] oder [u] gesprochen wird.
Beispiel:
Man schreibt: "umït", Aussprache: [umï:t] oder [umu:t].

Dies gilt übrigens auch für das kurze [ï] in zweiter offener Wortsilbe.
Ein Beispiel:
Man schreibt: [gurï],
die Aussprache ist entweder: [gurï.]
oder: [guru:] "trocken".

In einigen wenigen Wörtern werden hohe Langvokale in nicht-ersten Wortsilben nicht labialisiert.
Beispiele:
"uzï:n" wird gesprochen [uzzï:n] "lang";
"yokarïk" wird gesprochen [yokorï:k] "lang".

Von den Ansätzen der Vokalharmonie sind oftmals Fremdwörter, etwa [ki-no:], oder auch zusammengesetzte Wörter turkmenischen Ursprungs ausgenommen.

Ein Beispiel:

[bä:š + atar] wird zu [bä:šatar] "Gewehr mit fünf Schuß".

Die Vokalharmonie (palatal-velare wie labiale) wirkt besonders deutlich beim Antritt von Suffixen. In Abhängigkeit vom Vokal der letzten Silbe eines Stammwortes ändern sich die Suffixvokale gemäß den Regeln der palatal-velaren und der Labialharmonie.

So realisiert sich bei Suffixen, die einen tiefen Vokal, das heißt einen Vokal aus der Menge {a, e, o, ö}, enthalten (z. B. [-A-] in [-lAr-]), dieser tiefe Vokal

nach (a und ï) als a,

nach (e und i) als e,

nach (o und u) als o und

nach (ö und ü) als ö.

Beispiele:

iš + či + lAr + DA ---> iš + či + ler + de wird gesprochen [i:ščilerdä:] "bei den Arbeitern".

adam + lAr ---> adam + lar wird gesprochen: [a:damlar] "von den Männern".

Bei Suffixen mit hohen Vokalen in der letzten Silbe vor dem Suffix finden wir entsprechend für [-I^4-]

nach (a und ï) ein ï,

nach (e und i) ein i,

nach (o und u) ein u und

nach (ö und ü) ein ü.

Ein Beispiel:

[at] "Pferd" : [atïŋ otu] "das Gras des Pferdes"

Abweichend von der Aussprache des Standardturkmenischen (das heißt der Schriftsprache der ehemaligen Turkmenischen SSR) scheint im hier unter-

suchten gesprochenen Material die Labialharmonie nicht die langen, tiefen Vokale (zumindest nicht in allen Fällen) zu erfassen.
So bietet das Material etwa ein [oǧlonla:rdan] ("von den Söhnen"), wo das Standardturkmenische [oǧlonlo:rdon] hat (s. etwa: GTJa 56).

3.8. Der Einfluß von Konsonanten auf Vokale

Treten hinter Verben , die auf tiefen Vokal [a],[o] und [ö] enden, die Suffixe [-yAn] und [-yAr] (oder andere Suffixe mit y im Auslaut), werden die Auslautvokale gehoben, das heißt, sie ändern sich zu [ï], [i], [u] oder [ü].
Beispiele:

[a:gl<u>a</u>ya:n]	wird zu	[a:glïya:n]	"weinend", "Ich weine gerade."
[ok<u>a</u>ya:r]	wird zu	[ok<u>u</u>ya:r]	"studieren".

3.9. Assimilation

3.9.1. Progressive Assimilation

Die progressive Assimilation von Lauten wird in den Orthographien weitgehend ignoriert.

3.9.1.1. Progressive Nasalierung

Der häufigste Typ ist die progressive Nasalisierung.
n + d ==> (nn)
Beispiel: "men + de" wird zu [menne] "mit mir".
m + d ==> (mn)
Beispiel: "adam + da" wird zu [a:damna] "mit dem Mann".
n + b ==> (nm)
Beispiel: "on + bir" wird zu [onmi:r] "elf".
m + b ==> (mm)
Beispiel: "yoldašïm + bilen" wird zu [yollošummilen] "mit meinem Kameraden".

lŋ + g ==> (lŋlŋ)
Beispiel: " ğïšïŋ + guni" wird zu [ğïšïŋiŋgünü] "Wintertag".
ŋ+b ==> (ŋm)
Beispiel: "atïŋ + bašï" wird zu [atïŋmašï] "Pferdekopf".

3.9.1.2 Assimilation an vorangehenden Zischlaut

Daneben erscheinen Assimilationen an vorangehende Zischlaut:
z̲ + d ==> (z̲z̲)
Beispiel: "s̲iz̲ + de" wird zu [s̲iz̲z̲e] "mit dir".
s̲ + t ==> (s̲s̲)
Beispiel: "xas̲ + ta " wird zu [xas̲s̲a] "krank".

3.9.1.3. Dritter Typ

Weiterhin findet sich eine Assimilation des Typs
l + d ==> (ll)
Beispiel: "yoldaš" wird zu [yolloš] "Kamerad"
sowie
š + ǰ==> (šš)
Beispiel "guš + ǰagaz" wird zu [guššağaz] "kleiner Vogel".

3.9.2. Regressive Assimilation

Die regressiven Assimilationen sind seltener. Auch sie finden meist keinen Ausdruck in der Orthographie.
t + s ==> (ss)
Beispiel: "yet + se" wird zu [yesse] "wenn er erreichen würde".

3.10. Sandhi und Liaison

In der gesprochenen turkmenischen Sprache gibt es eine Reihe von Sandhi- und Liaison-Erscheinungen, von denen ich hier nur zwei Beispiele ausführen will:

"näme + ederin" wird zu [nä:derin] "Was soll ich tun?".
"bilenim + yok" wird zu [bilemok] "Ich weiß es nicht".

3.11. Betonung

Wie in den meisten Turksprachen ist auch im Turkmenischen die Wort- und Satzbetonung nur mangelhaft untersucht. Auch in dieser Arbeit kann diesem an und für sich wichtigen Thema nur sehr begrenzte Aufmerksamkeit geschenkt werden.

3.11.1. Wortbetonung

Für die Wortbetonung gilt grob:
In zwei- und mehrsilbigen Wörtern liegt der Hochton auf der letzten Silbe, während die erste Silbe den Druckton trägt.
Beispiele:
[bir'den] "alles gemeinsam",
['oku'či] "Student, Schüler".

Stets unbetont sind etwa pronominale Personalendungen am Verb, zum Beispiel: [gelen]
Auch das verbale Negationssuffix -mA ist stets unbetont und zieht die Betonung auf die vorhergehende Silbe [al'ma] "nimm nicht". Ausnahmen bilden die Lehnwörter. Sie werden auf der ersten Silbe betont. Die Betonung in zusammengesetzten Wörtern liegt auf der ersten Silbe des ersten Teils des zusammengesetzten Wortes. Beispiel:
"ğïp + ğ'ïz̠ïl" wird ausgesprochen [ğï'pğïz̠ïl] "blutrot".
In manchen Fällen wirkt die Betonung bedeutungsunterscheidend, zum Beispiel:

[a'lma]	"Nimm nicht!"	- aber	[alma']	"Apfel".
[gara'dï]	"Es war dunkel"	- aber	[garadï']	"er beobachtete".

3.12. Besonderheiten der turkmenischen Aussprache

Unter den vielen Besonderheiten des Turkmenischen fallen drei schon beim ersten Hören besonders auf.

Das Vorhandensein einer interdentalen frikativen Aussprache von (s̲) stimmlos und (z̲) stimmhaft.

(Siehe: Unterschied in der Aussprache von [those] für stimmhaft und [thief] für stimmlos.)

Der klassifikatorische Wert dieses Merkmals ist allerdings sehr beschränkt.. Wichtiger, sind da schon archaische Merkmale wie

- die Bewahrung alttürkischer Langvokale oder
- die ausschließliche Verwendung von [-ŋ] für die zweite Person Plural im Imperativ (sonst nur noch im Jakutischen und Dolganischen). Hierzu ein Beispiel: das Verb [gel-] "kommen", 2. Pers. Pl. [geliŋ] "kommt!".

4. Morphologie des Turkmenischen

4.1. Nominalmorphologie

Im Turkmenischen gibt es wie auch in den übrigen Turksprachen als die drei wichtigsten Typen von Wörtern: Nominale, Verben und Partikel.
Nomina nehmen nur denominale Suffixe wie Kasus- oder Possessivsuffixe an, Verben nur deverbative Suffixe wie finite Endungen, Partizip- oder Gerundialsuffixe. Partikel nehmen keinen der Suffixtypen an. Besonders die Nominalia können weiter in Nomina und Adjektive unterteilt werden.
Wie im Türkischen allgemein üblich, kann jedes Adjektiv ohne morphologische Operation als Substantiv auftreten. Bis auf eine Ausnahme[7] erscheinen die Plural-, Possessiv-, und Kasussuffixe in der angegebenen Reihenfolge am jeweiligen Nomen.
Ein Beispiel:

	ǧalam	"Stift"
1) Pluralendung	ǧalam _lar	"Stifte"
2) Possessivendung	ǧalam _lar _ïm	"meine Stifte"
3) Deklinationsendung	ǧalam _lar _ïm_nan (dan)	"von meinen Stiften"
4) Prädikativendung	ǧalam _lar _ïm _nan _nïr (dïr)	
		"es ist die Schuld meiner Stifte"

Substantive können dagegen nur selten wie Adjektive verwendet werden. Sie können ohne formale Markierung sowohl singularisch als auch kollektiv gedeutet werden, etwa:

[ǧalam allïm] "Ich kaufte einen Stift" oder "Ich kaufte Stifte".

Die Quantität ist so nicht ersichtlich. Um anzugeben, um wie viele Stifte es sich handelt, muß man ein Numerale verwenden.

---

7 Die einzige Ausnahme von dieser Regel sind die Verwandtschaftsbezeichnungen. Die Possessivsuffixe stehen vor den Pluralsuffixen.
Zum Beispiel: [da:yimlardan] "...von meinen Onkeln..."

Beispiele sind:

[bir ğalam aldïm]	"Ich kaufte den Stift".
[bäš ğalam aldïm]	"Ich kaufte fünf Stifte".

Eine besondere Gruppe der Adjektive bilden die Zahlwörter, die sich durch einen speziellen Satz von Suffixen auszeichnen, die nur sie annehmen können. Als Adverbien können sowohl Adjektive wie auch besonders Zeitsubstantive verwendet werden, ohne daß ein Suffix angefügt werden müßte. Daneben existieren aber einzelne abgeleitete Adverbien. Pronomina verhalten sich jeweils so wie die Wortart, die sie vertreten.
Dementsprechend existieren denominale und deverbative Suffixe, die an die jeweilige Wortart angefügt werden und ihrerseits wiederum etwa nominale oder verbale Einheiten erzeugen können. Weiterhin lassen sich die Suffixe danach einteilen, ob sie der Wortbildung dienen (s. dazu Erdal 1991), das heißt: neue Wörter mit neuen Bedeutungen erzeugen, oder ob sie grammatische Funktion erfüllen (das heißt: prinzipiell an jedes passende Wort angefügt werden können, um so die Funktion des Wortes im Satz anzuzeigen).
Alle Suffixe verhalten sich normalerweise vokalharmonisch.
Aus praktischen Gründen werden im folgenden nur grammatische und keine derivationalen Suffixe behandelt.

4.1.1. Pluralsuffixe

Pluralsuffix: + lAr

Beispiele für Pluralsuffixe:

[di:šler]	"Zähne";
[s̲öz̲lör]	"Wörter";
[gï:z̲lar]	"Mädchen";
[guloklor]	"Ohren".

4.1.2. Possessivsuffixe

Tabelle 3

		Numerus	
		Singular	Plural
Person	erste	+ (I)m	+ (I)mIz
	zweite	+ (I)ŋ	+ (I)ŋIz
	dritte	+ (s)I	+ lArI

Possessivsuffixe bezeichnen die Zugehörigkeit zu einer Entität, die gerade im Falle von Personen als "Besitz" interpretiert werden kann. Wörter, die auf einen Vokal enden, verlängern den Vokal, der vor dem Suffix steht (s. Kapitel 4). Die Qualität der Vokale der Suffixe wechselt nach den Gesetzen der Vokalharmonie.

Beispiele für Possessivsuffixe:

[at]	Pferd
[atïm]	mein Pferd
[atïŋ]	dein Pferd
[atïmïz]	unser Pferd
[atïŋïz]	ihr Pferd, ihre Pferde

[ata]	Vater
[ata:m]	mein Vater
[ataŋ]	dein Vater
[atasï]	sein Vater
[atamïz]	unser Vater
[ata:ŋïz]	euer Vater
[atalarï]	ihr Vater, ihre Väter

Aufgrund arealer Wechselwirkung mit anderen, nicht-oghusischen Turksprachen im Westtürkischen (s. Schönig 1997) kann man auch auf Akkusativformen des Possessivsuffixes 3. Pers. Sg. des Typs + (s)In (ata-sIn, et-in) treffen.

Im obliquen Kasus der dritten Person der Possessivform wird zwischen der Possessivendung und der Kasusendung das sogenannte "pronominale n" eingefügt.

Beispiele:

Nominativ	[depderi]	"sein Notizbuch"
Lokativ	[depderi-n-de]	"in seinem Notizbuch"

4.1.3. Kasussuffixe

Tabelle 4

Kasus	Nominativ	[O]
	Genetiv	+ [(n)Iŋ]
	Dativ	+ [A], ein Vokal im Auslaut wird geschluckt, so daß -[A:] entsteht; entsteht [arï] wird im Dat. [ara:]
	Akkusativ	+ [(n)I]
	Lokativ	+ [DA]
	Ablativ	+ [DAN]

Die Deklination von Substantiven, die auf einen Konsonanten enden:

[meret]	Meret	(Nom.)
[merediŋ]	von Meret	(Gen.)
[merede]	zu Meret	(Dat.)
[meredi]	Meret	(Akk.)
[meredde]	bei Meret	(Lok.)
[meredden]	von Meret	(Abl.).

Die Deklination von Substantiven, die auf einen Vokal enden:

[tagta]	die Tafel	(Nom.)
[tagta]	von der Tafel	(Gen.)
[tagta:]	zur Tafel	(Dat.)
[tagta:nï]	Tafel	(Akk.)
[tagtada]	an der Tafel	(Lok.)
[tagtadan]	von der Tafel	(Abl.).

4.1.3.1. Nominativ

Beispiele:

[at]	Pferd
[et]	Fleisch

4.1.3.2. Genetiv

Das Suffix des Genetivs lautet: +[(n)Iŋ].
Genetive kennzeichnen Besitzverhältnisse oder ähnliche Beziehungen zwischen den Referenten zweier Nomina. Die Setzung eines Genetivs bedingt die Aufnahme auch eines Possessivsuffixes am Bezugswort.
Beispiele:

[atïŋotu]	(das) Gras des Pferdes
[etinŋisi]	(der) Geruch des Fleisches

4.1.3.3. Dativ

Das Suffix des Dativs lautet: +[-A].

Der Dativ erfüllt im Turkmenischen verschiedene Funktionen. Er kann die Richtung auf ein Ziel hin, den Nutznießer einer Tätigkeit, ein Maß bzw. den Preis von etwas und in Verbindung mit dem Verbalnomen auf "-mAK" eine Absicht ausdrücken.

[Kölne gitdi]	er/sie/es ging nach Köln
[ol xanıma sagat aldı]	er kaufte ihr eine Uhr
[sowo barmak]	um zum Wasser zu gehen
[men Ašgabada okomoğo geldim]	ich kam nach Aschgabad, um zu studieren
[ağramïna pul bermek]	wir zahlen nach Gewicht
[oraz mini elli manada allï]	Oraz hat dies für fünfzig Manat gekauft
[biz ika: bölünnük]	wir teilten uns in zwei Gruppen auf

[bi galamï bäš günö aldïm]
ich habe diesen Stift für fünf Tage geliehen

4.1.3.4 Akkusativ

Das Suffix des Akkusativs lautet: +[(n)I].
Der Akkusativ im Turkmenischen unterscheidet sich in seiner Funktion als direktes Objekt nicht vom Akkusativ im Türkeitürkischen. Er wird dann verwendet, wenn der Referent des Objekts aus dem Kontext heraus oder sonstwie bestimmt (determiniert) ist. Bei unbestimmten Objektsreferenten fehlt das Akkusativsuffix.
Beispiele:

[bäš galam allïm]	ich kaufte fünf Stifte
[meret xanïmï s̲öyärdi]	Meret liebte die Frau

4.1.3.5 Lokativ

Das Suffix des Lokativs lautet: +[-DA-].
Der Lokativ gibt Ort oder Zeit eines Ereignisses oder Sachverhaltes an.

[o:voda a:dam galmadï]	niemand blieb im Dorf
[erti:r dogrï s̲agat üčdö maŋa garašïŋ]	warte auf mich morgen um drei Uhr

4.1.3.6 Ablativ

Das Suffix des Ablativs lautet: +[-DAn].
Der Ablativ dient der Angabe von räumlich-zeitlichen Ausgangspunkten, von Ursachen und Gründen und von Zeiträumen und Preisen. Daneben erscheint er bei der Bildung von Prozent- und Bruchzahlen. Eine weitere Verwendungsweise ist partitiv, hierzu zählen auch etwa Materialangaben (wie altïndan oder gülden).
Beispiele:

[öylördön a:damlar čïkdïlar]	"Menschen kamen aus den Häusern".
[s̲erčeden gorkon darï ekmez̲]	"Der, der vor dem Spatzen Angst hat, sät keine Hirse".

[Oraz̲ onuŋ boynunnon gudjoklodï]	"Oraz umarmte ihn um den Hals".
[depderleri iki markdan allïm]	"Die Hefte kaufte ich für zwei Mark".
[iki kilometerlikden s̲ürdü]	"Während er zwei Kilometer entfernt war, fuhr er los".
[öyiŋ gapïs̲ï kümüšdön]	"Die Haustür ist aus Silber".
[men Ašgabatdan]	"Ich komme aus Aschgabat."
[onnon bä:š]	"Fünf zehntel".
[men iki günnön gelerin]	"Ich komme innerhalb von zwei Tagen".
[daŋ atannan]	"Seit Tagsesanbruch".

Die folgenden Postpositionen werden mit dem Ablativ kombiniert.
öŋ, oz̲al, s̲oŋ, s̲oŋra, bašga, gayrï, bärï, aŋrïk, beyläk, šeyläk, yaŋa, erti, artïk, beter, dašarï.

4.1.4. Postpositionen

Die Postpositionen bilden im Turkmenischen und auch in den sonstigen Turksprachen das funktionale Gegenstück zu den Präpositionen etwa der indoeuropäischen Sprachen. Sie sind morphologisch nicht einheitlich, das heißt, sie können im strengen Sinne nicht als einheitliche Wortart betrachtet werden.
Ein Teil der Postpositionen scheint verbalen Ursprungs zu sein, etwa göre (s. unten) < gör- "sehen" + vokalisches Gerundium.
Andere scheinen nominalen Ursprungs und enthalten vielleicht ein altes Direktivesuffix +rU wie etwa bäre.
Eine weitere Gruppe besteht aus "Raum-Zeit-Nomina" und wird - versehen mit einem Possessivsuffix, das den Bezug zum regierten Nomen herstellt - meist mit den Raumkasus Dativ, Lokativ oder Ablativ verwendet.
Ein Beispiel:

[a:dam tarafïnnan]	"seitens des Mannes" (< taraf "Seite" + Possessivsuffix 3. Pers. S. + Abl.)

Besonders diese Gruppe wurde schon häufig auch als Satz von Kasusspezifikatoren betrachtet.
Die verbleibenden Postpositionen, die ich zunächst behandeln will, verbinden sich normalerweise nicht mit Possessiv- oder Kasussuffixen. Manche von ihnen bedingen am Bezugswort bestimmte Kasusendungen.
Außerdem weise ich darauf hin, daß das Turkmenische über eine große Zahl von Postpositionen verfügt, von denen hier nur die wichtigsten vorgestellt werden können.

4.1.4.1 Postpositionen mit dem Nominativ

a) [bilen] "mit"
"Bilen" wird nach vokalisch auslautenden Nomen [vilen], nach konsonantisch auslautenden Nomen [bilen] ausgesprochen.
Diese Postposition hat mehrere Funktionen, die in anderen Turksprachen und im Alttürkischen zum Teil vom Instrumental- und Komitativ-Kasus übernommen werden. Sie kann einen instrumentalen, temporal-instrumentalen, prosekutiven oder komitativen Zusammenhang anzeigen.

Beispiele für eine instrumentale Verwendung:

[ïsport bilen mešgu:lonya:n]	"Ich bin mit Sport beschäftigt."
[bä:š varmak bilen]	"... mit fünf Fingern ..."

Beispiele für eine temporal-instrumentale Verwendung:

[ma:y bayramï vilen gutloya:n]	"Ich wünsche dir das beste für den Maifeiertag."
[daŋ milen]	"... beim Sonnenaufgang ..."

Beispiele für eine prosekutive Verwendung:

[iki do:s̱ ťirotuwar vilen yuwoš yörä:p]	"Zwei Freunde gehen langsam den Bürgersteig entlang."

Beispiele für eine komitative Verwendung:

[men oglïm milen gitdim]	"Ich bin mit meinem Sohn gegangen."
[niyet bilen]	"... mit der Absicht ..."

[üssünlük bilen]	"... mit dem Erfolg ..."

Die komitative Verwendung kann durch ein zusätzliches [birlikde] verdeutlicht werden, etwa [šunug bilen bilikde].
Personal- und Demonstrativpronomina erscheinen sowohl im Nominativ als auch im Genetiv mit bilen: men milen ~ meniŋ milen oder bü vilen ~ büniŋ vilen.

b) [ya:lï]	"wie"
[xoroz ya:lï]	"... wie ein Hahn... "
[Hi:č zatdan xavarsiz ya:lï	"Er fing an, als hätte er keine Ahnung von irgendwas,"

[Turkmen, ozvök, ğazak ya:lï dürlü milletler]

"Verschiedene Nationalitäten wie zum Beispiel Turkmenen, Usbeken, Kasachen."

Personal- und Demonstrativpronomina erscheinen sowohl im Nominativ als auch im Genetiv mit ya:lï: men ya:lï ~ meniŋ ya:lï oder bü ya:lï ~ büniŋ ya:lï.
Daneben existieren noch weitere Postpositionen im Sinne von "wie": kimin, kibi, dek, dey, tek, tekin und deyin.
Ein Beispiel:

[ada:m kimi:n]	"... wie ein Mann ..."
c) [üčü:n]	"für, um ... willen, um zu, wegen"

Diese Postposition dient der Angabe des Nutznießers, des Zwecks oder des Zieles, in vielen Fällen kann [üčü:n] durch den Dativ ersetzt werden.
Beispiele:

[goyunlor üčü:n]	"... wegen der Schafe, für die Schafe ..."

[seniŋ milen tanïšmak üčü:n]	"... um mit Dir bekannt zu werden ..."
[medniyet öyü üčü:n]	"... für das Kulturhaus ..."

Personal- und Demonstrativpronomina werden in der Regel zusammen mit [üčü:n] im Genetiv gebraucht.[8]

d) Weitere Postpositionen sind [čenli, čmeli, čmes̱i, čmes̱inde, töwörgü] – "ungefähr".
Ein Beispiel:

[s̱agat üč töwöröklörü]	"... um ungefähr drei Uhr ..."

4.1.4.2 Die Postpositionen mit dem Dativ

a) [čenli]	"bis"
Ein Beispiel:	
[yïlŋ a:xïrïna čelli]	"...bis zum Ende des Jahres..."
b) [čen, dey, deyitš]	"bis, zu"
Ein Beispiel:	
[xašana čen]	"... bis wann ..."
c) [görä]	"bezüglich, in Hinblick auf, im Vergleich zu"
Beispiele:	
[men oloro görä yo:lo veledrä:kdirin]	"Ich kenne den Weg besser als sie."
[hymatïna vörä]	"... im Hinblick auf seinem Wert ..."
d) [tarap, bakan, bak]	"in Richtung von, zu, gegen".
Ein Beispiel:	
[ö:ẕlörünö tarap]	"(Sie sind) gegen sich selbst."

[8] Zur Angabe des Grundes wird die komplexe Postposition verwendet, etwa: [s̱ävebi üčü:n] (mit Gen.) oder [goyunuŋ s̱ävebi üčü:n].

e) ğarši̇ "gegenüber, gegen".

Ein Beispiel:

[pati̇:šanŋ kösgünö ğarši̇] "...dem Kaiserpalast gegenüber..."

f) goloy, yaki̇n "nah, ungefähr, beinah".

Ein Beispiel für die Distanz:

[eyran s̲erhedine goloy] "... der iranischen Grenze nah ..."

Temporale Verwendung:

[ol bir sağda goloy s̲öz̲ledi] "Er hat beinah eine Stunde gesprochen."

[garama:n], [bakman], [garmaz̲dan], [s̲eyretmez̲z̲en], [bakmaz̲z̲an] "entgegen, ohne Rücksicht auf, nicht beachtend, trotz"

Ein Beispiel:

[s̲aŋa garama:n išimi ettim] "Entgegen Dir (ohne auf Dich zu schauen) habe ich die Sache erledigt."

4.1.4.3. Die Postpositionen mit dem Ablativ

a) [öŋ, öŋinče, oz̲ol] "vor"

Ein Beispiel:

[naxardan oz̲ol] "... vor dem Essen ..."

b) [s̲oŋ, s̲oŋra] "nach"

Ein Beispiel:

[s̲a:gat onnon s̲oŋ] "...nach zehn Uhr..."

c) [bäri] "seit"

Ein Beispiel:

[köpdön mä:ri] "... seit langem ..."

d) [ayrïk] "hinter, auf der anderen Seite, von ... an"
Ein Beispiel:
[ertiden ayrïk] "... von morgen an ..."

e) [beylek, šeylek] "seit"
Ein Beispiel:
[ol gï:z̲ï görönnön meylek xala:p bašladï]
"Seit er das Mädchen gesehen hatte, fing er an, sie zu mögen."

f) [yaŋa] "wegen, um ... willen, seit, mit, von",
Ein Beispiel:
[ol gaxarïnnan yaŋa čigrdi] "Er hat vor Wut geschrien."

g) [artïk] "sehr, mehr"
Ein Beispiel:
[s̲en meni šunnon artïk bakma] "Warte nicht mehr auf mich."

h) [dašarï] "außer, draußen, über ... hinaus"
Ein Beispiel:
[plannan dašarï] "... über den Plan hinaus ..."

i) [bašga, özgä, ...] "außer, draußen, über ... hinaus"
Ein Beispiel:
[plannan bašga] "...über den Plan hinaus..."

Außerdem gibt es die Postposition
[bäri] "seit"
Ein Beispiel:
[otuz̲ vir yïl vä:ri] "... seit einunddreißig Jahren ..."

Während bei den räumlich-zeitlichen Postpositionen dieses Typs die Bezeichnung des Ausgangspunktes (Bezugspunktes) im Ablativ erscheint, wird eine Maßangabe, die zeigt, wie groß eine Spanne zwischen ebendiesem

Punkt und dem in der räumlich-zeitlichen Prädikation genannten Sachverhalt ist, im Nominativ beigegeben, etwa:

[urušdan soŋ (ra)gelli]	"Er kam nach dem Krieg."
[urušdan bäš yïl soŋ(ra) gelli]	"Er kam fünf Jahre nach dem Krieg."

(s. auch Kap. 4.1.4.3, S. 61, "bäri")

4.1.4.4. Postpositionen mit Possessiv- und Kasussuffixen

Wie schon erwähnt, besteht ein Teil der turkmenischen Postpositionen aus Nomina, die räumlich-zeitliche Beziehungen ausdrücken (auch im abstrakt-übertragenen Sinne, wie etwa deutsch "über" (räumliche Bedeutung), "über" (übertragene Bedeutung) etc.). Diese Postpositionen können mit dem Genetiv der Pronomina erscheinen.

Anmerkung (vergleiche Kap. 3.2.2., S. 34 : spontane Längen):

Fälle wie [bu: haqïnna], [ol haqïnna] "darüber" etc. sind so zu analysieren, daß hier die Demonstrativpronomina attributiv verwendet sind und das Possessivsuffix sich auf vorher genannte Sachverhalte und eben nicht auf das voranstehende Demonstrativpronomen bezieht.

Soll etwa "über dieses" ausgedrückt werden, muß auch hier die genetivische Form [bïniŋ (oder: miniŋ) haqïnna] erscheinen.

Die Verwendung bzw. Auslassung des Genetivsuffixes bei Substantiven scheint mitteilungsperspektivisch motiviert. So scheint der Genetiv dann verwendet zu werden, wenn der Referent des Substantivs auf irgendeine Weise als bereits bekannt oder gegeben angegeben werden kann, womit der Genetiv eine dem deutschen bestimmten Artikel vergleichbare Funktion besitzt. (s. dazu auch Johanson "Bestimmtheit ...").

Nachfolgend werden die wichtigsten dieser Postpositionen besprochen.

Die folgenden Postpositionen [xakda, xakïnda, barada, barasïnda, dogruda, dogrusïnda] bedeuten "von, über, was ... anbetrifft, bezüglich".

Ein Beispiel:

[Milad barada s̱orošdï]	"Er erkundigte sich über Milad."

boyunča	"nach, laut, auf der Basis von, was ... an-

	betrifft, während, entlang" (< boy "Gestalt" + Possessivsuffix + Äquativ + čA).

Beispiele:

[bütü:n yïl voyunčo]	"... das ganze Jahr hindurch ..."
[akar voyunčo]	"... den Fluß entlang ..."
boyï	"während" (<boy "Gestalt" etc. + Possessivsuffix).

Ein Beispiel:

[bütün yo:l voyï]	"... auf dem ganzen Weg ..."

Weiterhin gibt es die Postposition

[tarapïnnan]	"was ... anbetrifft, vom eigenen Standpunkt aus".

Ein Beispiel:

[ka:kas̠ï trapïnnan]	"... vom Standpunkt seines Vaters aus ..."

Schließlich gibt es die Postposition

[hökmünde]	"wie, in der Position von, in der Art von".

Ein Beispiel:

[ada:m hökmünde]	"... wie ein Mann ..."

Diese Postpositionen erscheinen fast nie mit anderen Personal- oder Demonstrativpronomina als [ol] "er, sie, es, jener" etc., das dann im Genetiv [onuŋ] erscheint.

4.1.5. Pronomina

4.1.5.1 Personalpronomina

Die Personalpronomina unterscheiden sich in der Deklination von den Nomina nur leicht. Die Personalpronomina sind:

Tabelle 5

		Numerus	
		Singular	Plural
Person	erste	men	biz̲
	zweite	s̲en	s̲iz̲
	dritte	ol	olar

Die Pronomina der dritten Person Singular und Plural sind vom Ursprung her Demonstrativpronomina der Ferne (ol, olar).

Die Deklination der Pronomina unterscheidet sich von der Deklination der Nomina in folgenden Punkten:

Wie in vielen Turksprachen sind die Dativformen der Personalpronomina der ersten beiden Singularpersonen immer velar.

Beispiele:

[maŋa] "mir"

[saŋa] "dir"

Wie wir sehen, findet sich weiterhin ein "unregelmäßiger" Laut - ŋ - (wie auch beim Dativ der Demonstrativpronomina, s. oben), der etymologisch auf eine Kombination des (pronominalen) n-Auslauts der pronominalen (obliquen) Stämme und des alten Dativsuffixes +GA zurückgeht.

[ola > oŋa] "ihm (ihr)"

Zur Deklination von [ol] siehe Kap. 4.1.5.2, Demonstrativpronomina, S. 66).

Die Deklination der Personalpronomina der ersten beiden Singular- wie Pluralpersonen lautet wie folgt:

Tabelle 6

		Person und Numerus				
		erste		zweite		dritte
		Singular	Plural	Singular	Plural	siehe Demonstrativpronomina
Kasus	Nominativ	men	biz̲	s̲en	s̲iz̲	
	Genetiv	menŋ	biz̲iŋ	s̲eniŋ	s̲iz̲iŋ	
	Dativ	maŋa	biz̲e	s̲aŋa	s̲iz̲e	
	Akkusativ	meni	biz̲i	s̲eni	s̲iz̲i	
	Lokativ	menne	biz̲z̲e	s̲enne	s̲iz̲z̲e	
	Ablativ	mennen	biz̲z̲en	s̲ennen	s̲iz̲z̲en	

4.1.5.2. Demonstrativpronomina

[bu:]	"dies"
[šu:]	"dies, dies(es) hier"
[o, ol]	"das"
[šo, šol]	"das"

Werden die Demonstrativpronomina als Substantiv gebraucht, werden sie flektiert. Die obliquen Stämme sind:
(Vergleiche oben, Kap. 4.1.5.1)

[mun-]	für	[bu:]
[šun-]	für	[šu:]
[on-]	für	[ol, o]
[šon-]	für	[šol, šo]

Beispiele von [bu] und [ol]:
bu:
meŋa
menni
menne
mennen

Tabelle 7

		Numerus	
		Singular	Plural
Kasus	Nominativ	bu:	bu:lor
	Genetiv	mïnŋ	bu:loruŋ
	Dativ	mïŋï	bu:lorï
	Akkusativ	mïnna	bu:lora
	Lokativ	mïnnan	Bu:lordan
	Ablativ	mennen	bu:lordon

Tabelle 8

		Numerus	
		Singular	Plural
Kasus	Nominativ	ol	olor
	Genetiv	onuŋ	oloriŋ
	Dativ	oŋo	oloro
	Akkusativ	onï	olorï
	Lokativ	onna	olorda
	Ablativ	onnan	olordan

Die Pluralformen der Demonstrativpronomina werden nur als Substantive benutzt. Sie werden mit Hilfe des Pluralsuffixes +lAr direkt vom Nominativ aus gebildet.

Beispiele:

[bu:lor]	"diese"
[šu:lor]	"diese, dies hier"
[olor]	"diese"
[šolor]	"diese, diese dort"

Die Demonstrativpronomina haben folgende Formen:

[bu:]	"dies [Nom.]"
[munuŋ]	"von diesem [Gen.]"
[muŋo]	"zu diesem [Dat.]
[munï]	"dieses [Akk.]"
[munno]	"mit diesem [Lok.]"
[munnon]	"von diesem [Abl.]"

Tabelle 9

		Numerus
		Singular
Kasus	Nominativ	[bu:]
	Genetiv	[munuŋ]
	Dativ	[muŋo]
	Akkusativ	[munï]
	Lokativ	[munno]
	Ablativ	[munnon]

[ol, o]	"das [Nom.]"
[onuŋ]	"von dem [Gen.]"
[oŋo]	"zu dem [Dat.]"
[onï]	"das [Akk.]"
[onno]	"mit dem [Lok.]"
[onnon]	"von dem [Abl.]"

Werden die Demonstrativpronomina attributiv verwendet, verhalten sie sich wie Adjektive und nehmen keine Kasus- oder Pluralendung an.
Ein Beispiel:
[šu: a:damlarïŋ ïkba:lï] "... das Schicksal dieser Leute ..."

Die Possessivformen der Demonstrativpronomina lauten:

[munï:m]	"dies(es) mein"
[munï:ŋ]	"dies(es) dein"
[munusï, munsï]	"dies(es) sein/ihr/sein"
[munu:mïz]	"dies(es) unser"
[munu:ŋïz]	"dies(es) euer"
[munusï, munsï]	"dies(es) ihr "
[šunï:m]	"dies(es) mein"
[šunï:ŋ]	"dies(es) dein"
[šunusï, šunsï]	"dies(es) sein/ihr/sein"
[šunu:mïz]	"dies(es) unser"
[šunu:ŋïz]	"dies(es) euer"
[šunusï, šunsï]	"dies(es) ihr"
[onu:m]	"dies(es) mein"
[onu:ŋ]	"dies(es) dein"
[onusï, onsï]	"dies(es) sein/ihr/sein"
[onu:mïz]	"dies(es) unser"
[onu:ŋïz]	"dies(es) euer"
[onusï, onsï]	"dies(es) ihr"

[šonu:m]	"dies(es) mein"
[šonu:ŋ]	"dies(es) dein"
[šonus̲ï, šons̲ï]	"dies(es) sein/ihr/sein"
[šonu:mïz̲]	"dies(es) unser"
[šonu:ŋïz̲]	"dies(es) euer"
[šonus̲ï, šons̲ï]	"dies(es) ihr"

Mit Hilfe des Suffixes + čA können Formen wie [munčo] "so viel" und [šunčo] "wie das, solches" gebildet werden.

4.1.5.3. Reflexivpronomina

Die Reflexivpronomina werden durch Anhängen der Possessivsuffixe an das Wort [ö:z̲] "selbst" gebildet.

[ö:z̲üm]	"ich selbst"
[ö:z̲üŋ]	"du selbst"
[ö:z̲ü]	"er/sie/es selbst"
[ö:z̲ümüz̲]	"wir selbst"
[ö:z̲üŋüz̲]	"ihr selbst"
[ö:z̲ü, ö:z̲lörü]	"sie selbst,"

Sie werden wie andere possessivmarkierte Wörter dekliniert.

4.1.5.4. Interrrogativpronomina

Die hauptsächlichen Interrogativpronomina im Turkmenischen sind:

[kim]	"wer"
[nä:me]	"was, wie"
[nä:]	"was"
[ni:re]	"wo, wohin"
[nä:če]	"wieviel, wie viele"
[nä:xi:li]	"wie"
[nä:tü:s̲lü]	"welches"
[ničik]	"wie"
[hačan]	"wann"

[nä:česi]	"welch"
[haysï, hayssï]	"welches"

Die meisten Interrogativpronomina werden wie normale Substantive dekliniert:

[kim]	"wer"
[kim]	"wer (Nom.)"
[kimiŋ]	"wessen (Gen.)"
[kime]	"zu wem (Dat.)"
[kimi]	"wen (Akk.)"
[kimde]	"mit wem (Abl.)"
[kimden]	"von wem (Lok.)"
[nä:me]	"was, wie"
[nä:me]	"was, wie (Nom.)"
[nä:mä:ŋ]	"von was (Gen.)"
oder [nä:mäniŋ]	"von was"
[nä:mä:]	"zu was (Dat.)"
[nä:mäni]	"was (Akk.)"
[nä:mede]	"mit was (Abl.)"
[nä:meden]	"von was (Lok.)"
[ni:re]	"wo"
[ni:re]	"wo (Nom.)"
[ni:rä:niŋ]	"von wo (Gen.)"
[ni:rä:]	"wohin (Dat.)"
[ni:rä:ni]	"wo, der Platz (Akk.)"
[ni:rede]	"wo (Abl.)"
[ni:reden]	"von wo (Lok.)"

[nä:če]	"wieviel, wie viele"

[nä:če]	"wieviel, wie viele (Nom.)"
[nä:čäniŋ]	"von wieviel (Gen.)"
[nä:čä:]	"zu wieviel (Dat.)"
[nä:čä:ni]	"wieviel (Akk.)"
[nä:čede]	"mit wieviel (Abl.)"
[nä:čeden]	"von wieviel (Lok.)"

Da die Pronomina [hays̲ï] und [nä:čes̲i] Possessivsuffixe enthalten, folgen sie der possessivischen Deklination (s. S. 53).

[hays̲ï]	"welches"

[hays̲ï]	"welches (Nom.)"
[hays̲ïnïŋ]	"von welchem (Gen.)"
[hays̲ïna]	"zu welchem (Dat.)"
[hays̲ïnï]	"welches (Akk.)"
[hays̲ïnna]	"mit welchem (Abl.)"
[hays̲ïnnan]	"von welchem (Lok.)"

Die Interrogativpronomina kann man im Turkmenischen possessivisch suffigieren:

[nä:me]	"was, wie"

[nämä:m]	"was von mir"
[nä:mä:ŋ]	"was von dir"
[nä:mes̲i]	"was von ihm, ihr, es"
[nä:mä:miz̲]	"was von uns"
[nä:mä:ŋiz̲]	"was von euch"
[nä:mes̲i]	"was von ihnen"

[kim]	"wer"

[kimim]	"welcher von mir"
[kimiŋ]	"welcher von dir"
[kimi]	"welcher von ihm, ihr, es"
[kimimiz̲]	"welcher von uns"
[kimiŋiz̲]	"welcher von euch"
[kimi, kimi:i]	"welcher von ihnen"

Das Fragepronomen [nä:me, ne] "was" kann auch als Attribut verwendet werden:

[nä:me z̲a:t gerek?]	"welches Ding ist notwendig, was brauchst Du?"

Aus der Verbindung von [ne] und dem Hilfsverb [etmek] kann ein Pronominalverb [nä:tmek] "was tun? (etwas tun)" gebildet werden.

4.1.5.5. Indefinitpronomina

[hemme]	"alle"
[ba:rï]	"alles"
[ähli]	"alle"
[bütü:n]	"alle, alles"
[küllü]	"alles"
[ahli]	"alle"
[birnä:če]	"einige"
[birentek]	"viele"
[tutuš]	"ganz"
[tutunč]	"ganz"
[bir topor]	"viele"
[bira:z̲]	"wenig"
[kä:vir]	"ein, ein bestimmter"

Die Indefinitpronomina [hemme], [ba:rï], [bütü:n], [ähli] und [tutuš] werden als Attribut oder als Substantiv verwendet.

Ein Beispiel für substantivischen Gebrauch:
[erti:r ählininŋiz̲ mekdeve geleriŋiz̲]

"Morgen werden alle von euch zur Schule gehen."

Die Indefinitpronomina, die von Interrogativpronomina abgeleitet werden:

4.1.5.6. Allgemeine Indefinitpronomina

[her]	"jede, jeder, jedes"
[her nä:me]	"alles"
[her nä:če]	"so viel wie"
[her tü:s̲ li]	"irgendwie"
[her dürli]	"in jedem Fall"
[her gürlö]	"in jedem Fall"
[her vir]	"jede, jeder, jedes"

Auch dieses Pronomina kann man sowohl als Attribut als auch Substantiv verwenden.
Ein Beispiel für attributivische Verwendung:
[her öydö] "in jedem Haus"

4.1.5.7. Negierende Indefinitpronomina

[hič kim]	"niemand"
[hič hačan]	"niemals"
[hič gays̲ï]	"keiner von denen"
[hič z̲at]	"nichts"

etc.
Sie können nur mit negiertem Prädikat erscheinen.
Ein Beispiel: [hič kim gelmedi] und nicht *[hič kim geldi].

4.1.6. Adjektive und ihre Suffixe

Während im Deutschen attributiv verwendete Adjektive Kongruenz in Kasus, Numerus und Genus aufweisen, werden sie im Turkmenischen nicht dekliniert.

Wie in allen Turksprachen existiert auch im Turkmenischen keine einfache Trennung zwischen Substantiv und Adjektiv. Diese ergibt sich aus gewissen Kombinationsregeln. So können Adjektive als Attribute und Prädikatskomplemente auftreten, können aber auch durch Possessivsuffixe, Pluralsuffixe oder ihre syntaktische Position (in diesem Fälle können sie Kasussuffixe tragen) substantiviert werden.

Substantive können dagegen - falls sie nicht Material- oder Geschlechtszugehörigkeit auszudrücken vermögen - nicht ohne eine morphologische Operation als Attribute verwendet werden.

Beispiele:

[da:š köfri]	"Steinbrücke, Brücke aus Stein" (< da:š "Stein" + köfri "Brücke")
oder	
[erkek magallam]	"männlicher Lehrer" (< erkek "Mann" + magallam "Lehrer"
aber:	
[erkek magallami]	"Manneslehrer, Lehrer für Männer" (das heißt, der Lehrer selbst kann eine Frau sein; [erkek] gibt hier nicht die Geschlechtzugehörigkeit an) (< erkek "Mann" + magallam "Lehrer" + Possessivsuffix 3. Pers. Sg.).

Weiterhin können Adjektive meist ohne formale Kennzeichnung auch als Adverbien verwendet werden (siehe Kap. 4.1.8, S. 78).

Beispiele:

[čallasïm]	"schnell"
[čallasïm at]	"schnelles Pferd"
[čallasïm gel]	"komm schnell"

Ein Beispiel für die Substantivierung:

[kö:nö vilen tä:z̲ä:niŋ wöröšü] "Der Krieg der Alten mit den Neuen."

Ein Beispiel für attributiven Gebrauch:

[tä:z̲e šäher] "eine neue Stadt, die neue Stadt"

Ein Beispiel für prädikativen Gebrauch:

[bï xavarïŋ meniŋ üčü:n tä:z̲e(dir)]
"Deine Nachricht ist für mich neu."

4.1.6.1 Komparation

Das Komparativsuffix im Turkmenischen ist -rA:k.
Ein Beispiel:

[ti:z̲] "schnell"
[ti:z̲rä:k] "schneller"

Ein Beispiel für attributive Benutzung:

[kuluvuŋ kičekrä:k otogunno] "In dem kleinerem Raum des Klubs."

Bei Vergleichen erscheint der Ausdruck, mit dem verglichen wird, im Ablativ.
Ein Beispiel:

[onnon böyükräk] "größer als er"

Daneben erscheinen auch Komparative des Typs:

[onnon häm böyük(räk)] "größer als er"

Der Superlativ im Turkmenischen wird mit Hilfe der Superlativpartikel [iŋ] gebildet.
Ein Beispiel:

[bağtlï] "glücklich"
[iŋ mağtlï] "am glücklichsten"

Eine syntaktische Methode zur Bildung des Superlativs besteht darin, das Bezugsnomen in den Genetiv Plural zu setzen und den Genetiv durch ein Possessivsuffix am Adjektiv aufzunehmen, etwa:

[insanlarŋ ba:ğtlisi]	"der glücklichste Mensch"
	(wörtlich: "Menschen (ihr) glücklicher").

4.1.7. Numeralia

Die Kardinalzahlen im Turkmenischen verhalten sich wie Adjektive.

Einer-Zahlen:

[null, nol]	"null"
[bir]	"eins"
[iki]	"zwei"
[üč]	"drei"
[dö:rt]	"vier"
[bä:š]	"fünf"
[altï]	"sechs"
[yedi]	"sieben"
[segiz]	"acht"
[dokğuz]	"neun"

Zehner-Zahlen:

[o:n]	"zehn"
[yigrim, yigrimi]	"zwanzig"
[otuz]	"dreißig"
[girk]	"vierzig"
[elli]	"fünfzig"
[altmïš]	"sechzig"
[yetmiš]	"siebzig"
[segsen]	"achtzig"
[togson]	"neunzig"
[yüz]	"hundert"

Zusammengesetzte Zahlen:

[on mi:r]	"elf"

[on ki]	"zwölf"
[on üč]	"dreizehn"
[on nö:rt]	"vierzehn"
[on mä:š]	"fünfzehn"
[on altï]	"sechzehn"
[on yedi]	"siebzehn"
[on s̲egiz̲]	"achtzehn"
[on doğiz̲]	"neunzehn"

[yigrimbir]	"einundzwanzig"
[yigrimiki]	"zweiundzwanzig"
[yigrimüč]	"dreiundzwanzig"

[müŋ dokğuz̲ yüz̲ yetmisch iki]	"eintausendneunhundertzweiundsiebzig"

Die Ordinalzahlen werden durch das Suffix -(I)nǰI gebildet.

Beispiele:

[bä:š]	"fünf"
[bä:šinǰi]	"fünfte"

[altï]	"sechs"
[altïnǰï]	"sechste"

Die Kollektivzahlen werden mit Possessivsuffix gebildet.

Ein Beispiel:

[iki]	"zwei"
[ikimiz̲]	"wir zwei"

Die Distributivzahlen werden mit Hilfe des Ablativsuffixes gebildet.

Ein Beispiel:

[biz̲ her ïsto:llo ikiden oturduk]	"Wir saßen zu zweit auf jedem Stuhl."

4.1.8. Adverbien

Wie in den übrigen Turksprachen können im Prinzip alle Adjektive ohne formale Kennzeichnung auch als Adverbien gebraucht werden (s. S. 74).

Beispiele:

[i:r]	"früh"
[ti:z̲]	"schnell"
[gi:č]	"spät"
[i:r gellim]	"Ich bin früh gekommen."
[ti:z̲ gellim]	"Ich bin schnell gekommen."
[gi:č gellim]	"Ich bin spät gekommen."

Beispiele für attributiven Gebrauch:

[i:r bir zaman]	"eine frühe Zeit"
[ti:z̲ bir a:dam]	"ein schneller Mensch"
[gi:č bir i:š]	"eine späte Angelegenheit"

Daneben können vor allem Zeitsubstantive wie [gi:ǰe] "Nacht", [s̲ähär] "Morgen" etc. ebenfalls ohne formale Markierung adverbial verwendet werden. Weiterhin existieren auch rein adverbial gebrauchte Ausdrücke, die innerhalb des modernen Turkmenischen nicht mehr sinnvoll zu analysieren sind, aber auf alttürkische adverbiale Ableitung zurückgehen wie etwa [inni] "jetzt" (< alttürk.: amtï, ämti "jetzt" aus am + Adverbialbildungssuffix +tI) (s. Gabin, A 1941).

Es existieren aber auch noch heute spezielle Suffixe zur Bildung von Adverbien, etwa der alte Instrumental auf -In ([gïš] "Winter", [gïšïn] "im Winter", oder -lAyIn ([wagt] "Zeit", [wagtlay:ïn] "bedingt, provisorisch").

Auch das Äquativsuffix + čA kann so interpretiert werden:

[menčä:] (< [men] "ich" + čA) "wie ich, mir gemäß, mir zufolge".

4.2. Verben

Verben sind die dritte Hauptgruppe turkmenischer Lexeme.
Mit finiten Einheiten versehen, bilden die Verben das Verbalprädikat, das auch den notwendigen Hinweis auf das Subjekt enthält, so daß schon eine finite Verbeinheit allein als vollständiges syntaktisches Minimum genügt, das heißt, eine Form wie [gellim] "Ich kam" ist bereits ein kompletter Hauptsatz.
Daneben existiert ein ganzer Satz von infiniten Einheiten zur Bildung von Äquivalenten deutscher Nebensätze. Diese infiniten Prädikate können nicht allein erscheinen. Sie bilden kein vollständiges syntaktisches Minimum, das heißt keinen Hauptsatz.
Diese Einheiten sind morphologisch gesehen entweder Verbaladverbien (Gerundien) oder Verbalnomina (Partizipien oder Verbalsubstantive).
Aus der letzten Gruppe der Verbalnomina kommen allerdings nur die in Frage, bei denen die prädikative Potenz des Verbs, das heißt seine Fähigkeit, Subjekte, Objekte und Adverbialbestimmungen mit sich zu führen (s. Johanson "... Inhaltssyntax am Beispiele ...", 1973), erhalten bleibt. So kann beispielsweise das Verbaladjektiv (= Partizip) [s̲even] weiterhin ein Objekt mit sich führen und so etwa zur Bildung von Relativsätzen dienen:
[oni s̲öyön ada:m] "der Mann, der sie liebte".

Dagegen kann das Verbalnomen [s̲öygvü] "Liebe" weder Subjekt noch Objekt mit sich führen. Im Rahmen dieser Untersuchung interessieren uns nur diejenigen Verbalableitungen, die – egal, ob finit oder infinit – ihre prädikative Potenz bewahren und somit auch für die Satzbildung von Bedeutung sind. Die übrigen deverbativen Bildungen, die wir dem Bereich der Wortbildung zurechnen können, brauchen hier nicht besprochen zu werden.
Normalerweise kann ein Verbalstamm nicht ohne Suffix der einen oder anderen Art erscheinen. Eine Ausnahme bildet der Imperativ der zweiten Person Singular (zum Beispiel [gel] "komm!"), der aus diesem Grunde in verschiedenen theoretischen Konzeptionen deshalb als mit dem Suffix -{Ø} versehen interpretiert wird.
Verneint wird das Verb durch Anfügung der Negationssilbe -mA- an den Stamm nach dem Diathesensuffix.

4.2.1. Finite Einheiten

4.2.1.1. Rein finite und sowohl finit wie auch infinit verwendbare Formen

Das Turkmenische kennt wie die übrigen Turksprachen eine Reihe von Formen, die nur in finiten Prädikaten verwendet werden können:
Imperativ, dI-Präteritum, -yAr-Präsens sowie dessen Kombinationen mit Kopulaformen (s. Kap. 4.3, S. 138), die Kombinationen des Aorists -r mit den Kopulaformen sowie die Einheiten -pdIr und -pDI. Das Konditional -sA bildet insofern einen Sonderfall, als es die Gestalt einer (rein) finiten Einheit besitzt. Andere partizipische Einheiten können dagegen auch attribuiert werden, wie etwa -An, -yAn, -r oder -GAk, die Einheit -mïš spielt eine Sonderrolle (s. Kap. 4.2.3.6, S. 85).

4.2.1.2. Eine dritte Gruppe

Zu erwähnen bleibt, daß das Turkmenische – wie viele zentralasiatische Turksprachen – die Möglichkeit kennt, die aus -p-Gerundium und Präsenskopula zusammengesetzte Form -pDIr zu -p verkürzen, so daß eine finite Form -p (etwa [gelip] "ist gekommen") entsteht. Formal ist diese Kurzform identisch mit den infiniten -p-Formen, so daß zumindest sie ebenfalls den finit-infinit verwendbaren Einheiten zugerechnet werden kann.

4.2.2. Indikativische und nichtindikativische Einheiten

Inhaltlich lassen sich die Einheiten danach gliedern, ob sie ein Ereignis als Faktum mit mehr oder minder genauer Lokalisierung an einer realen Zeitstelle mitteilen und somit als indikativisch bezeichnet werden können oder ob sie per se einen zusätzlichen Kommentar etwa über Erwünschtheit, Notwendigkeit etc. enthalten und somit als modal bezeichnet werden können.
Das Futur gehört in dem Sinne nicht zu den indikativischen Formen, als es einem Ereignis keine reale (da zukünftige) Zeitstelle zuschreibt. Gerade türkische Futurformen sind zusätzlich mit modalen Nuancen wie "sollen" etc. behaftet.

Die indikativischen Einheiten scheinen sich nicht nur im Hinblick auf die Zeitstufe, auf die sie referieren, zu unterschieden, sondern zusätzlich auch mit perspektivischen (aspektischen) Werten ausgestaltet zu sein, weswegen sie auch als aspekttemporale Einheiten bezeichnet werden können. Bei Modalformen scheint weitgehend auf aspektische Differenzierung verzichtet zu werden.

Am stärksten entfaltet erscheint das aspekttemporale System in finiter Position. Da in infiniten Positionen weniger Oppositionspartner zur Verfügung stehen, kann das System in diesen Positionen auch nicht in demselben Maße entfaltet sein. Dies führt dazu, daß finit-infinit verwendbare Einheiten in finiter Position andere (meist speziellere) Funktionen versehen können als in den formal schlechten infiniten Positionen.

4.2.3. Indikativische finite Einheiten

In Rahmen dieses Kapitels können nur die Funktionen der finit-indikativischen Einheiten besprochen werden. Wie allgemein, so entfalten diese auch im Turkmenischen ihre funktionalen Werte im Rahmen von sogenannten Diskurstypen (s. Johanson 1974), die durch die Einheiten, die in ihnen erscheinen, festgelegt sind.

In diesem Kapitel werden die Funktionen der Einheiten hauptsächlich auf den -dI- / -(yA)r-Diskurstyp bezogen, das heißt auf den Typ, der die bei weitem stärkste Verwendung aufweist.

4.2.3.1. Die Einheit -dI

Die Einheit -dI dient als Präteritum, das heißt, sie wird verwendet, wenn über ein Ereignis in der Vergangenheit ohne weitere Spezifizierung berichtet werden soll. Sie kann somit als aspektisch neutral bzw. total betrachtet werden. Manchmal kann -dI auch dazu benutzt werden, den kritischen Terminus (Anfang oder Ende) einer Tätigkeit zu bezeichnen, und wird dann als terminale Einheit betrachtet.

Ein Beispiel:

[ölli]	"Er starb." (totale bzw. neutrale Betrachtung in der Vergangenheit)

Die Fähigkeit, auf Anfang oder Ende zu verweisen, realisiert sich oft im Zusammenhang mit punktuellen Zeitangaben.

Ein Beispiel:

[sagat birde ölli]	"Er starb um 1 Uhr."
oder	
[oturdu]	"Er setzte sich." (terminal)
dagegen:	
[oturya:rdï]	"Er saß."

Eine Abfolge von Ereignissen in der Vergangenheit kann durch Abfolge von -dI-Prädikaten im Text angezeigt werden. In bestimmten Wendungen kann es 'futurische' Bedeutung haben:

[men gitdim]	"Ich gehe." = "Ich bin schon weg."

Die grammatischen Personen werden bei -dI durch die Possessivsuffixe bezeichnet (s. S. 53). die erste Person des Plurals trägt ein -k anstelle von -(I)mIz.

Beispiele:

[gellim]	"Ich gehe.", manchmal auch: "Ich bin schon weg, da."
[gelliŋ]	"Du gehst.", manchmal auch: "Du bist schon weg, da."
[gelli]	"Er, sie, es geht", manchmal auch: "Er, sie, es ist schon weg, da."
[gellik]	"Wir gehen.", manchmal auch: "Wir sind schon weg, da."
[gelliŋiz]	"Ihr geht.", manchmal auch: "Ich seid schon weg, da."
[gelli (ler)]	"Sie gehen", manchmal auch: "Sie sind schon weg, da."

[allïm]	"Ich nehme.", manchmal auch: "Ich habe schon genommen."
[allïŋ]	"Du nimmst.", manchmal auch: "Du hast schon genommen."
[allï]	"Er, sie, es nimmt.", manchmal auch: "Er, sie, es hat schon genommen."
[allïk]	"Wir nehmen.", manchmal auch: "Wir haben schon genommen."
[allïŋïz]	"Ihr nehmt", manchmal auch: "Ihr habt schon genommen."
[allï (lar)]	"Sie nehmen.", manchmal auch: "Sie haben schon genommen."

4.2.3.2. Die Einheit -yArdI

Die Einheit -yArdI dient als Imperfekt oder intraterminale Einheit. Sie blickt in den Verlauf eines Ereignisses und schließt dabei die Betrachtung von Anfangs- und Endpunkt aus.
Im Deutschen ist sie oftmals mit "war am / beim X-en" übersetzbar.
Historisch besteht sie aus der Präsenseinheit -yAr in Kombination mit der alten Kopula *ärdi (s. Kap. 4.3, S. 138). Zur Konjugations-Kopula siehe Kap. 4.3, S. 138).

[gelyä:rdi]	"war beim Kommen, kam"
[otogo gi:rdim, ïšleyä:rdi]	"Ich betrat das Zimmer. Er war beim Arbeiten."

eleganter:

[otogo gi:remde, ol ïšleyä:rdi]	"Als ich das Zimmer betrat, war er beim Arbeiten."

Konjugiert wird diese Form wie die Kopula (s. Kap. 4.3, S. 138).
Beispiele:

[ïšleyä:rdim]	"Ich war beim Arbeiten."
[ïšleyä:rdiŋ]	"Du warst beim Arbeiten."
[ïšleyä:rdik]	"Er, sie, es war beim Arbeiten."
[ïšleyä:rdik]	"Wir waren beim Arbeiten."
[ïšleyä:iŋiz̲]	"Ihr wart beim Arbeiten."
[ïšleyä:rdi (ler)]	"Sie waren beim Arbeiten."

[gelyä:rdim]	"Ich war beim Kommen, ich kam."
[gelyä:rdiŋ]	"Du warst beim Kommen, du kamst."
[gelyä:rdi]	"Er, sie, es war beim Kommen, er, sie, es kam."
[gelyä:rdik]	"Wir waren beim Kommen, wir kamen."
[gelyä:rdiŋiz̲]	"Ihr wart beim Kommen, ihr kamt."
[gelyä:rdi (ler)]	"Sie waren beim Kommen, sie kamen."

4.2.3.3. Die Einheit -Ardl

Die Einheit -yArdl ist wie -yArdl ein Imperfektum. Sie unterscheidet sich von der vorher genannten Form durch einen geringeren Grad an Prägnanz (s. Kap. 4.2.3.9, S. 87).
Speziell -Ardl erscheint auch in irrealen Konditionalgefügen (s. Kap. 4.2.6).
Konjugiert wird diese Form wie die Kopula (s. Kap. 4.3, S. 138).

4.2.3.4. Die Einheit -pDlr (verkürzbar zu finitem -p)

Die Einheit -pDlr dient dem Turkmenischen als Perfekt. Anders als türkeitürkisch -mïš wird es nicht von inferentiellen Nuancen begleitet, sondern stellt als oftmals schon konstative Form vor allem Abgeschlossenheit eines Ereignisses dar. Im Deutschen läßt sich die oft für nachträgliche Feststellungen gebrauchte Form mitunter gut durch Hinzufügen eines "schon" ausdrücken.
Ein Beispiel:

[gelipdir]	"... ist (schon) gekommen, ist (schon) da."

Konjugiert wird diese Form wie folgt:
[gelip men]
[gelip s̲en]
[ol gelip (dlr)]
[gelip biz̲]
[gelip s̲iz̲]
[gelip olor (olo)]

Außerhalb der dritten Personen wird diese Form selten verwendet.

4.2.3.5. Die Einheit -pdl

Die Einheit -pdl ist das turkmenische Plusquamperfekt. Es scheint aspektisch neutral zu sein. Die Konjugation ist wie folgt:

[gelipdim]	"Ich war (schon) gekommen, da."
[gelipdiŋ]	"Du warst (schon) gekommen, da."
[gelipdi]	"Er, sie, es war (schon) gekommen, da."
[gelipdik]	"Wir waren (schon) gekommen, da."

[gelipdiniz̲]	"Ihr wart (schon) gekommen, da."
[gelipdi (ler)]	"Sie waren (schon) gekommen, da."

4.2.3.6. Die Einheit -AndIr

Auch das Partizip Perfekt -An kann zusammen mit Kopulaeinheiten finite Formen bilden, die von mehr oder minder starken inferentiell-induktiven Nuancen begleitet werden (wie etwa tükeitürkisch -mIš).

Ein Beispiel:

[gelendir]	"Er ist wohl / angeblich / scheinbar gekommen."

Auch diese Einheit erscheint meist in der dritten Person.

4.2.3.7. Die Einheit -mIš

Die Einheit -mIš dürfte ein Import aus dem Westoghusischen bzw. aus älteren Sprachstufen sein. Sie wird nur extrem selten verwendet und gehört in den Bereich artifizieller Sprache.

4.2.3.8. Die Einheit -yAr

Die Einheit -yAr dient dem Turkmenischen allgemein als Präsensform und hat somit mehr oder minder prägnante Lesarten. In prägnanter Lesart bezeichnet sie Ereignisse, die zum Zeitpunkt des Sprechaktes tatsächlich verlaufen. Als "programmatisches Präsens" (s. Johanson 1974) kann es auch Futur ausdrücken.

Beispiele:

[alya:rïn / alya:rïm]	"ich nehme"
[alya:rs̲ïŋ]	"du nimmst"
[alya:r]	"er, sie, es nimmt"
[alya:rïs̲]	"wir nehmen"
[alya:rs̲ŋïz̲]	"ihr nehmt"
[alya:r (lar)]	"sie nehmen"

[gelyä:rin]	"ich komme"
[gelyä:rs̲iŋ]	"du kommst"
[gelyä:r]	"er, sie, es kommt"
[gelyä:ris̲]	"wir kommen"
[gelyä:rs̲ŋiz̲]	"ihr kommt"
[gelyä:r (ler)]	"sie kommen"

[durya:rïn / durya:rïm]	"ich stehe"
[durya:rs̲ïŋ]	"du stehst"
[durya:r]	"er, sie, es steht"
[durya:rïs̲]	"wir stehen"
[durya:rs̲ŋïz̲]	"ihr steht"
[durya:r (lar)]	"sie stehen"

[gülyä:rin / gülyä:rim]	"ich lache"
[gülyä:rs̲iŋ]	"du lachst"
[gülyä:r]	"er, sie, es lacht"
[gülyä:ris̲]	"wir lachen"
[gülyä:rs̲iŋiz̲]	"ihr lacht"
[gülyä:r (ler)]	"sie lachen"

Es verfügt über eine Kurzform -yA:, die durch Ausfall des auslautenden -r entstanden ist. Diese wird wie folgt konjugiert:

[alya:n / alya:m]	"ich nehme"
[alya:ŋ]	"du nimmst"
[alya:]	"er, sie, es nimmt"
[alya:s̲]	"wir nehmen"
[alya:ŋïz̲]	"ihr nehmt"
[alya:l (lar)]	"sie nehmen"

[gelyä:n / gelä:m]	"ich komme"
[gelyä:ŋ]	"du kommst"
[gelyä:]	"er, sie, es kommt"
[gelyä:s̲]	"wir kommen"
[gelyä:ŋiz̲]	"ihr kommt"
[gelyä:l (ler)]	"sie kommen"

[durya:n / durya:m]	"ich stehe"
[durya:ŋ]	"du stehst"
[durya:]	"er, sie, es steht"
[durya:s̲]	"wir stehen"
[durya:ŋïz̲]	"ihr steht"
[durya:l (lar)]	"sie stehen"

4.2.3.9. Die Einheit -(A)r

Die Einheit -(A)r, der Aorist, hat wie in vielen Turksprachen präsentische Bedeutung, allerdings geringerer Prägnanz als –yAr, das heißt, sie wird gewöhnlich nicht verwendet, wenn Ereignisse bezeichnet werden sollen, die im Moment der Rede verlaufen. Vielmehr drückt die Form Habitus, Neigung oder Fähigkeit aus. Daneben besitzt sie auch die "programmatische" Funktion von -yAr (s. Kap. 4.2.3.8, S. 85).

Beispiele:

[alarïn / alarïm]	"ich nehme" oder "ich werde nehmen"
[alars̲ïŋ]	"du nimmst" oder "du wirst nehmen"
[alar]	"er, sie, es nimmt" oder "er, sie, es wird nehmen"
[alarïs̲]	"wir nehmen" oder "wir werden nehmen"
[alars̲ïŋïz̲]	"ihr nehmt" oder "ihr werdet nehmen"
[alar (lar)]	"sie nehmen" oder "sie werden nehmen"

[gelerin / gelerim]	"ich werde kommen"
[gelersiŋ]	"du wirst kommen"
[geler]	"er, sie, es wird kommen"
[geleris]	"wir werden kommen"
[gelersiŋiz]	"ihr werdet kommen"
[geler (ler)]	"sie werden kommen"

[durorïn / durorïm]	"ich werde stehen"
[durorsïŋ]	"du wirst stehen"
[duror]	"er, sie, es wird stehen"
[durorïs]	"wir werden stehen"
[durorsïŋïz]	"ihr werdet stehen"
[duror (lor)]	"sie werden stehen"

[gülörün / gülörüm]	"ich werde lachen"
[gülörsüŋ]	"du wirst lachen"
[gülör]	"er, sie, es wird lachen"
[gülörüs]	"wir werden lachen"
[gülörsüŋüz]	"ihr werdet lachen"
[gülör (lör)]	"sie werden lachen"

Die Negation dieser Form ist wie in den meisten Turksprachen unregelmäßig und wird durch -mAz bezeichnet. Die gebräuchlichsten Formen sind:

[almarïn]	"ich werde nicht nehmen"
[almarsïŋ]	"du wirst nicht nehmen"
[almaz]	"er, sie, es wird nicht nehmen"
[almarïs]	"wir werden nicht nehmen"
[almarsïŋïz]	"ihr werdet nicht nehmen"
[almaz (lar)]	"sie werden nicht nehmen"

Alternativ sind auch die abweichenden Sprechweisen

[alman]	"ich werde nicht nehmen"
bzw.	
[almar]	"er, sie, es wird nicht nehmen"

bzw.

[almar (lar)] "sie werden nicht nehmen"

für die 1.Person Singular bzw. die 3.Person Singular bzw. Plural gebräuchlich.

4.2.4. Nichtindikativische finite Einheiten

4.2.4.1. Die Einheit -GAK

Die Einheit -GAK ist eine futurisch-modale Form. Sie kann neben "Zukunft" auch (kontextuell bedingt) ein "Sollen" ausdrücken, hat also eine feste modale Nebenbedeutung. Die Form ändert sich in den verschiedenen grammatischen Personen nicht.

Beispiele:

[men alǰak]	"ich werde nehmen"
[s̲en alǰak]	"du wirst nehmen"
[ol alǰak]	"er, sie, es wird nehmen"
[biz̲ alǰak]	"wir werden nehmen"
[s̲iz̲ alǰak]	"ihr werdet nehmen"
[olor alǰak]	"sie werden nehmen"

[men gelǰek]	"ich werde kommen"
[s̲en gelǰek]	"du wirst kommen"
[ol gelǰek]	"er, sie, es wird kommen"
[biz̲ gelǰek]	"wir werden kommen"
[s̲iz̲ gelǰek]	"ihr werdet kommen"
[olor gelǰek]	"sie werden kommen"

[men görǰek, men görǰök]	"ich werde sehen"
[s̲en görǰek, s̲en görǰök]	"du wirst sehen"
[ol görǰek, ol görǰök]	"er, sie, es wird sehen"
[biz̲ göeǰek, biz̲ göeǰök]	"wir werden sehen"
[s̲iz̲ görǰek, s̲iz̲ görǰök]	"ihr werdet sehen"
[olor görǰek, olor görǰök]	"sie werden sehen"

[men molǰak, men morǰok]	"ich werde sein"
[s̲en molǰak, s̲en molǰok]	"du wirst sein"
[ol volǰak, ol volǰok]	"er, sie, es wird sein"
[biz̲ volǰak, biz̲ volǰok]	"wir werden sein"
[s̲iz̲ volǰak, s̲iz̲ volǰok]	"ihr werdet sein"
[olor volǰak, olor volǰok]	"sie werden sein"

4.2.4.2. Die Einheit -AsI ba:r / yo:k

Diese Einheit wird nur sehr eingeschränkt verwendet und drückt Erwünschtheit bzw. Unerwünschtheit eines Ereignisses aus.

Beispiele:

[geles̲i ba:r]	"er wird kommen" (ob du es willst oder nicht), "er darf kommen"
[geles̲i yo:k]	"er wird nicht kommen", "er darf nicht kommen"

Die Form erscheint vor allem in der dritten Person.

4.2.4.3. Die Einheit -mAlI

Diese Einheit bezeichnet den Nezessitativ, das heißt, sie drückt "müssen" aus. Und wird wie -GAK nicht in den Personen konjugiert:

[men almalyï]	"ich muß nehmen"
[s̲en almalï]	"du mußt nehmen"
[ol almalï]	"er, sie, es muß nehmen"
[biz̲ almalï]	"wir müssen nehmen"
[s̲iz̲ almalï]	"ihr mußt nehmen"
[olor almalï]	"sie müssen nehmen"

Die Vergangenheitsform lautet -mAlIdI und wird wie die Vergangenheitskopula konjugiert (s. Kap. 4.3, S. 138).

Verneint wird die Form mit [da:l].

4.2.4.4. Die Einheit -GAKdI

Diese Einheit bezeichnet einen 'konjunktiven' Sinne von "sollen".
Ein Beispiel:

[men alǰakdïm]	"ich sollte nehmen"

Außerdem erscheint sie - wie auch -ArdI - in irrealen Konditionalgefügen. Ihre Negation ist -GAKdä:ldI.

4.2.5. Der Imperativ

Unter Imperativ verstehe ich eine nicht-referentielle, das heißt, eine nicht über ein Ereignis - auch unter modalen Gesichtspunkten - berichtende Einheit. Im Turkmenischen drückt der Imperativ Aufforderung oder Wunsch zur Durchführung einer Tätigkeit aus. Anders als viele indoeuropäische Sprachen verfügen die Turksprachen über ein Imperativparadigma, das alle grammatischen Personen umfaßt (s. Schönig 1987). Das Paradigma lautet:

		Numerus	
		Singular	Plural
Person	erste	-AyIn	-AyII(ŋ)
	zweite	-Ø	-(I)ŋ
	dritte	-s̱In	-s̱In

Beispiele:

[alayïn / alayïm]	"ich soll nehmen"
[al]	"nimm!", "du sollst nehmen"
[als̱ïn]	"er, sie, es soll nehmen"
[alaylï (ŋ)]	"wir sollen nehmen"
[alïŋ]	"nehmt!", "ihr sollt nehmen"
[alas̱ïn]	"sie sollen nehmen"

Die in manchen grammatischen Werken festgestellte Unterscheidung [-AyII:] vs. [-AyIIŋ] = exklusiver vs. inklusiver Plural konnte ich nicht finden. Die von mir festgestellten Formen weichen außerdem von den meist für die Schriftsprache angegebenen Einheiten -AII und -AIIŋ ab und ähneln den usbekischen Formen (s. insgesamt Schönig 1987).

4.2.6. Der Konditional

Der Konditional wird mit Hilfe des Suffixes -sA gebildet, das dieselben Suffixe annimmt wie das -dI-Präteritum (s. Kap. 4.2.3.1, S. 81).

Ein Beispiel:

-sA: [gels̱em, göẕäl bolor] "Wenn ich komme, wird es schön."

Der irreale Konditional wird durch -An [bols̱oŋ] gebildet, das heißt durch das Partizip Perfekt des Verbs plus das Konditional des Kopulativverbs [bol-] "sein, werden" gebildet.

[gelen bols̱oŋ, gös̱äl bolordi] "Wenn du gekommen wärst, wäre es schön gewesen."

Eine Alternative bilden die mit (m)eger "wenn" eingeleiteten mit -sAdI (< -sA + Kopula der Vergangenheit) gebildeten Sätze, die, wie schon im voranstehenden Beispiel deutlich geworden ist, im Hauptsatz ein Prädikat aus Aorist oder GAK-Futur + Kopula der Vergangenheit aufweisen:

[eger gels̱ediŋ, gös̱äl bolordi] "Wenn du kämst, würde es schön werden."

4.2.7. Die Partizipien

Die Partizipien im Turkmenischen lauten:

-An (Partizip Perfekt)

-yAn ("Partizip Präsens", besser: kursives Partizip)

-(A)r (Aorist-Partizip) und

-mAlI (Nezessitativpartizip).

Das alte -DIk-Partizip kommt nur verneint als -mADIk vor. Das mIš-Partizip scheint ganz zum Wortbildungssuffix abgesunken zu sein.

Ein Beispiel:

[dur] "Bleib!" + [mIš] > [durmuš] "das Leben"

Die Partizipien können zum Teil finit verwendet werden (s. oben).

4.2.8. Die Gerundien

Gerundien sind Verbaladverbien, die ebenfalls als prädikative Kerne von Nebensatzäquivalenten erscheinen. Hier sollen nur die zwei wichtigsten Einheiten vorgestellt werden.

4.2.8.1. Die Einheit -Ip

Die Einheit -Ip ist das sogenannte koordinative Gerundium. Außerhalb der hier nicht behandelten Hilfsverbverbindungen fungiert es in syntaktisch freier Verwendung vergleichbar dem deutschen "und", das heißt, es koordiniert zwei Aussagen über Ereignisse, ohne selbst Aufschluß über deren Abfolgeverhältnis zu geben. Die so koordinierten Ereignisse können nebeneinander, nacheinander oder ohne bestimmtes Verhältnis zueinander erscheinen.

Beispiele:

[i:yip išdik]	"Wir aßen und tranken (ohne bestimmte Reihenfolge oder gleichzeitig)."
[ṣähr ičip öllü]	"Er trank Gift und starb (gleichzeitig)."

Bildungen aus Nomen + [bolup] dienen oftmals als Äquivalente für das deutsche "als":

[Turist bolup (bolo) Almana getdim]

"Ich ging als Tourist nach Deutschland."

Normalerweise herrscht zwischen -p und übergeordneter Prädikation Subjektgleichheit.

4.2.8.2. Die Einheiten -(y)A und -(y)ArAk

Diese Einheiten kennzeichnen eine Ereignis als Begleit- oder Nebenumstand:

[še:r oka otogo girdim] "Ein Lied singend, trat ich ins Zimmer."

Auch hier weisen normalerweise gerundiale und übergeordnete Prädikation das gleiche Subjekt auf. Wie das -p-Gerundium erscheint auch das -A-Gerundium in Hilfsverbverbindungen.

4.3. Prädikative Ausdrücke

Zum Ausdruck des deutschen "sein" verfügt das Turkmenische über verschiedene Mittel. Für das Präsens stehen suffixale Formen zur Verfügung, die, wie aus der folgenden Tabelle ersichtlich ist, auf nachgestellte und dann zu Suffixen gewordenen Personalpronomina zurückgehen. In den dritten Personen kann zusätzlich das Element Ir < turur als Präsenskopula fungieren.

Prädikativsuffixe (vertreten die Präsenskopula):

Tabelle 10

		Numerus	
		Singular	Plural
Person	Erste	+ mAn	+ biz
	Zweite	+ sAn	+ sïz
	Dritte	+ dIr	+ ol

Für die dritte Person wird das nachgestellte Personalpronomen der dritten Person (s. Kap. 4.1.5.2, S. 66) [ol] "er ist" verwendet.

[Turkmen men] "Ich bin Turkmene."
[Turkmen sen] "Du bist Turkmene."
[Turkmen dïr oder ol] "Er,sie ist Turkmene."

[Turkmen biz] "Wir sind Turkmenen."
[Turkmen siz] "Ihr seid Turkmenen."
[Turkmen dïrler oder olor] "Sie sind Turkmenen."

Daneben können die Kopulasuffixe im Präsens auch ausgelassen werden, wenn das Subjekt durch ein Nomen oder Pronomen bezeichnet ist.

Die Kopula der Vergangenheit ist +DI, das auf die Alttürkische Präteritalkopula ärti (türkeitürk.: idi) zurückgeht, aber im Turkmenischen nur noch als Suffix gebräuchlich ist. Formal ist es somit mit den Formen des deverbativen -DI-Präteritums zusammengefallen, ohne aber als denominale Einheit völlige funktionale Identität mit dem Verbalsuffix zeigen zu können.

Beispiele:

[baxtli-dim] "Ich war glücklich."
[baxtli-diŋ] "Du warst glücklich."
[baxtli-di] "Er,sie war glücklich."

Die übrigen finiten und infiniten Kopulaformen müssen mit Hilfe des Kopulaverbs [bol-] gebildet werden (s. dazu Kap. 4.3).
Daneben verfügt das Turkmenische über die "Existenzausdrücke" [ba:r] "Es gibt ..." und [yo:q] "Es gibt ... nicht." Im Präsens können sie zur Bezeichnung der grammatischen Person entweder mit den Kopulasuffixen versehen werden oder - wenn das Subjekt im Satz bezeichnet ist - ohne Personalkennzeichnung erscheinen. Im Präteritum werden sie durch Einfügen der Suffixe der Präteritalkopula gebildet.

Beispiele.:

[men ba:r]	"Es gibt mich."
[ba:r-men]	"Es gibt mich."
[yo:qdi]	"Es gab nicht."

Die Existenzausdrücke können - wie zum Beispiel Partizipien - auch attributiv verwendet werden und treten dabei in Konstruktionen auf, die Bildung mit den Suffixen + Il (Anzeige von Vorhandensein) und + sïz Privatsuffix) entsprechen.

Beispiele:

[nazarï ba:r bir kiši] = [nazarlï bir kiši] "jemand mit Absicht"
[nazarï yo:q bir kiši] = [nazarsïz bir kiši] "jemand ohne Absicht"

4.4. Konjunktionen

Konjunktionen sind unflektierbare Wörter, die als Verbindung zwischen Wörtern, Wortgruppen oder Sätzen stehen.
Man kann diese in vier verschiedene Funktionsgruppen unterteilen:

4.4.1. Gleichordnende (koordinative) Konjunktionen

[we]	"und"
[hem]	"und"
[u]	"und"
[bilen] (s. auch Kap. 4.1.4)	"und"
[-da, -de]	"und"

[-ľï, li]	"und"
[-ďïr, -dir]	"und"
[hem-hem]	"sowohl ... als auch"

Ein Beispielsatz:

[aya:ľïm we vir ča:gam ma:r]	"Ich habe eine Frau und ein Kind."

4.4.2. Gegensatz- (adversative) Konjunktionen

[emma:]	"aber"
[belin] (s. auch Kap. 4.1.4)	"aber"
[yö:nö]	"aber, sondern"
[a]	"aber"
[yogs̲a, yogs̲am]	"andernfalls"

4.4.3. Ausschließende (disjunktive) Konjunktionen

[ya]	"oder"
[ya:da:]	"oder"
[kä: ... kä:]	"bald ..., bald ..."
[bir...bir]	"entweder ... oder ..., nun ... dann ..."
[ha ... ha, hala ... hala]	"sei es ..., sei es ..."

Ein Beispielsatz:

[ya ketavi al ya:da: galami] "Nimm entweder das Buch oder den Stift."

4.4.4. Satzeinleitende Konjunktionen speziellerer (kausaler, finaler, konzessiver etc.) Funktion

[eger]	"wenn"
[s̲evä:vi]	"weil"
[čunki]	"weil"
[barďï-gelli]	"wenn aber"
[hačan]	"wenn, und" und [onna] "dann"
[diŋe]	"nur"
[yö:nö]	"nur, aber"

Ein Beispiel:

[eger men getsem] "... wenn ich gehe ..."

5. Syntax des Turkmenischen Satzes

5.1. Anmerkung zur turkmenischen Syntax

Wie für die meisten Turksprachen, so ist auch für das Turkmenische die Syntax bisher nur mangelhaft untersucht[9]. Ich hoffe, mit dieser Arbeit eine technische sowie datenmäßige Grundlage gelegt zu haben, um diesem Zustand in Zukunft abzuhelfen.

Allgemein läßt sich sagen, daß die 'normale', 'entspannte' Satzstellung des Turkmenischen wie folgt ist (wenn denn die betroffenen Satzteile vorhanden sind):

(Adverbiale Bestimmung des Raumes oder der Zeit)-Subjekt-Objekt-Prädikat.

Andere adverbale Bestimmungen, etwa der Art und Weise, können in der Nähe des Prädikates, aber auch zu Beginn des Satzes erscheinen. Die genauen Regeln für daraus abgeleitete markierte Satzstellungen harren noch ihrer Erforschung.

5.2. Der Satzbau

Der wichtigste Bestandteil des Satzes ist das Prädikat. Dazu können dann das Subjekt, Objekt und sonstige Komplemente kommen (s. Kap. 1.5.1, S. 19).

Diese Komplemente haben bis auf den Kasus alle die gleiche Syntax und können in fast beliebiger Reihenfolge vorkommen, obwohl normalerweise die Anordnung Subjekt – Objekt – Prädikat benutzt wird. Deshalb ist, rein syntaktisch betrachtet, die im Europäischen übliche Aufteilung des Satzes in ein

---

[9] Das hier angewandte System geht auf die in Johanson 1974 ("Aspekt im Türkischen und ...") vorgestellte Interpretation des türkeitürkischen Systems zurück, das prinzipiell auch für die übrigen Turksprachen anwendbar erscheint. Es wird hier versuchsweise verwendet, ohne daß im Rahmen dieser Arbeit seine letztliche Gültigkeit bewiesen werden könnte. Dies würde mutatis mutandis aber ebenso für jede andere Interpretation des turkmenischen Verbalsystems gelten.

Subjekt und eine zusammenhängende Verbalphrase hier nicht anwendbar (s. Kap. 6.2, S. 115).

Das Verb ist der zentrale Bestandteil des Satzes und kommt fast immer am Satzende vor. In Nebensätzen muss das Verb immer am Ende stehen, weil dadurch das Ende des Nebensatzes angezeigt wird. Im Hauptsatz ist auch eine andere Position möglich, wenn auch sehr selten.

Beispiel:

[men gelemde ol čay išdi.] "Als ich kam, trank er Tee."

Die Anordnung von Subjekt, Objekten und sonstigen Komplementen wie zum Beispiel Temporal- oder Kausalausdrücken ist wesentlich variabler.

Als Komplemente können dabei entweder einfache Nominalphrasen oder aber auch komplexere Verbalnominalphrasen auftreten.

Nominalphrasen bestehen aus einem Nomen, zu dem dann zusätzliche Attribute wie zum Beispiel Demonstrativpronomina, Adjektive, Numeralia, Partizipien oder auch Nominalphrasen im Genetiv und sogar Verbal-Konstruktionen als Relativsätze hinzutreten.

Das Hauptnomen steht dabei grundsätzlich am Ende der Nominalphrase, die Attribute kommen davor in der Reihenfolge Relativsatz – Demonstrativpronomen – Numerale – Adjektive – indefiniter Artikel.

Ein Beispiel:

[meniŋ gören *olokön* öyüm] "das *große* Haus, das ich gesehen habe"

Die Verbalnominalphrasen bilden Subjekt- oder Objektsätze, sie sind dabei prinzipiell genauso aufgebaut wie die Hauptsätze, allerdings mit den Unterschieden, daß das Verb immer am Ende stehen muss und ein Suffix -AN, -YAN, -GAK oder -MA bekommt und daß das Subjekt des Nebensatzes nicht im Nominativ, sondern im Genetiv steht.

Beispiel:

[Alanïŋï gördüm.] "Ich sah, daß Du es nahmst."

5.3. Frage

Satzteile werden mit Hilfe von Interrogativpronomina (s. Kap. 4.1.5.4, S. 69) hinterfragt. Ja-Nein-Fragen werden mit Hilfe des Fragepartikel -mI hinterfragt, wobei die Partikel hinter den zu hinterfragenden Satzteil rückt. Steht die Fragepartikel hinter dem Prädikat, wird die gesamte Satzaussage hinterfragt.

Beispiele:

[allĭm]	"Ich habe (es) genommen."
[allĭmmĭ]	"Habe ich (es) genommen?"
[ada:m gellimi]	"Ist der Mann gekommen?"
[göz̲ellimi]	"War es schön?"

aber auch:

[göz̲elmidi]	"War es schön?"

5.4. Nebensätze

In attribuierter Form dienen Partizpien (s. Kap. 4.2.7, S. 92) samt anhängenden Satzteilen als Äquivalent deutscher Relativsätze.

Dabei ist es für die Konstruktion der turkmenischen Relativsätze (man könnte statt von Relativsätzen auch von Partizipialkonstruktionen sprechen) wichtig, ob das Bezugswort ("head of the relative clause") mit dem Subjekt des Relativsatzes referentiell identisch ist oder nicht. Bei Identität wird der Relativsatz einfach dem Bezugswort vorangestellt, etwa:

[gelen ada:m]	"der Mann, der gekommen ist"
[gelya:n ada:m]	"der Mann, der kommt"
[gelǰek ada:m]	"der Mann, der kommen wird / soll"
[gelmeli ada:m]	"der Mann, der kommen muß"
[gelma:n / gelmedik ada:m]	"der Mann, der nicht gekommen ist"
[ičer su]	"Trinkwasser / Wasser, das man trinkt"
[akar su]	"Fließendes Wasser / Wasser, das fließt"

Bei referentieller Nichtidentität von Bezugswort und Relativsatz-Subjekt wird an das Bezugswort ein Possessivsuffix gefügt, das sich auf das Relativsatz-Subjekt bezieht:

[gören öyüm]	"das Haus, das ich gesehen habe"
[görya:n öyüm]	"das Haus, das ich sehe"

Wird das Relativsatz-Subjekt genannt, so erscheint es im Genetiv:

[miladŋ görya:n öyüi]	"das Haus, das Milad sieht"
[düyaniŋ i:gek otï]	"das Gras, das das Kamel fressen wird / soll"

(Siehe dazu auch Schönig 1993).

Es existieren auch "headless relative clauses" des Typs [gelenler] "die, die kamen", [görya:n] "der, der sieht" etc. Diese können als beliebige Satzteile verwendet werden.

Mit Possessivsuffixen (und möglicherweise genetivmarkierten Subjekten) können die Partizipen -An, -yAn, -GAk, -mAll und -mADIk zur Bildung von Subjekt-, Objekt- sowie Adverbialsätzen verwendet werden. Dabei erscheinen die so markierten Einheiten mit dem jeweils benötigten Kasussuffix bzw. mit den jeweils benötigten Postpositionen versehen.

Ein Beispiel für einen Subjektsatz:

[(onuŋ) alanï meni begendirdi]	"Es hat mich gefreut, daß er es genommen hat."

Beispiele für Objektsätze:

[(s̲eniŋ) alanïŋï gördüm]	"Ich sah, daß du es nahmst"
[(oniŋ) geleninden gorkdu]	"Sie fürchtete sich davor, daß er kam."

Ein Beispiel für einen Temporalsatz:

[(meniŋ) gelemde ol čay išdi]	"Als ich kam, trank er Tee."

Ein Beispiel für einen Vergleichssatz:

[(biz̲iŋ) söylanimiz̲ ya:lï vollï]	"Es wurde so, wie wir gesagt hatten."

Auf diese Weise wird ein Großteil der Äquivalente deutscher Nebensätze mit Hilfe von Partizipien gebildet. Es bleibt anzumerken, daß auch gewisse Verbalnomina wie -mA, -mAk etc. hier Verwendung finden.

Ein Beispiel:

[(oniŋ) gelmes̲innen gorkdu] "Sie fürchtete sich davor, daß er kam."

Die genauen Verwendungsweisen und -unterschiede können im Rahmen dieser Arbeit nicht untersucht werden.
Weitere Möglichkeiten zur Bildung von Nebensatzäquivalenten bieten die sogenannten Gerundien (Konverben) (s. Kap. 4.2.8, S. 92).

6. Die Beschreibung des Turkmenischen mit formalen Grammatiken

Das Ziel dieses Kapitels ist es, ein Fragment des Turkmenischen mit einer Lexical Functional Grammar zu beschreiben. Um zu zeigen, daß die Grammatik korrekt ist, wird diese Grammatik in einem kleinen Prolog-Parser implementiert und durch einige Beispiele verifiziert.

Das Listing des Parsers und einige Beispiele von akzeptierten und nicht akzeptierten Sätzen befinden sich im Anhang.

Dieser Parser kann nicht die Ausgaben des Isadora-Systems verarbeiten, sondern ist nur zur Verifikation der LFG gedacht.

Für die Beschreibung der Feinheiten des Turkmenischen wende ich den Formalismus der Lexical Function Grammar (LFG) an. Wegen der Beweglichkeit der Hauptkonstituenten in den Turksprachen entstehen Probleme mit der LFG-Schreibweise, da die Reihenfolge der Bestandteile in LFG-Schreibwiese durch die Regeln festgelegt wird. Um dieses Problem zu lösen, benutze ich eine Methode, die sonst in der HPSG-Schreibweise (Head-driven Phrase Structure Grammar) angewandt wird.

Die LFG ist eine unifikationsbasierte Grammatik, die im wesentlichen aus Phrasenstrukturregeln besteht, die mit Unifikationsregeln erweitert sind. Die Besonderheit der LFG liegt darin, daß für die Beschreibung des Satzaufbaus zwei Strukturen erzeugt werden: Erstens Ein Syntaxbaum, der die Konstituentenstruktur des Satzes angibt, die sogenannte C-Struktur ("constituent structure"), und zweitens eine Beschreibung der Eigenschaften der Konstituenten durch eine sogenannte F-Struktur ("functional structure") (s. Bresnan, J. / Kaplan, R. 1982).

Die LFG hat von Chomskys Phrasenstrukturgrammatik leider das Problem übernommen, daß die Konstituentenstruktur und die Anordnung der Konstituenten in derselben Regel festgelegt werden. Dadurch entsteht das Problem, daß für Konstruktionen mit beweglichen Konstituenten mehrere Regeln benutzt werden müssen. In anderen Grammatiktheorien, zum Beispiel der GPSG, versucht man, diese beiden Aspekte in getrennten Regeln anzugeben (ID/LP-Regeln).

Linguistisch basiert die LFG auf der X-Bar- und der Theta-Theorie. Dabei werden sprachliche Einschränkungen wie Agreement und Komplementbildung über das Lexikon und den Unifikationsalgorithmus gesteuert.
Eine genaue Beschreibung der Grundlagen des LFG-Formalismus ist im Rahmen dieser Arbeit nicht machbar, daher werde ich nur an einigen kurzen Beispielen die Arbeitsweise der LFG zeigen.
Obwohl meines Wissens nach keine computerlinguistischen Arbeiten zur Grammatik der turkmenischen Sprache existieren (s. Kapitel 1.8), gibt es einige Arbeiten über die türkeitürkische Grammatik. Die beiden Sprachen sind ähnlich, da sie beide zu den südwesttürkischen Sprachen gehören (vergl. Kapitel 2.6).
Allerdings wurde das Turkmenische auch von nicht-oghusischen Turksprachen beeinflußt. Daher gibt es einige wichtige Unterschiede zur türkeitürkischen Grammatik.
Trotzdem sind die grundlegenden Strukturen beider Sprachen sehr ähnlich. Deshalb werde ich in der von mir entwickelten Grammatik des öfteren auch auf folgende Arbeiten zum Türkeitürkischen Bezug nehmen:
"A Lexical Functional Grammar for a Subset of Turkish" von Zelal Güngördü und Kemal Oflazer [1993] in "24-25 Haziran 1993, Bogazici Üniversitesi" und "VP-abhängige Konstituenten im Türkischen, deren LFG-Repräsentation und Implementierung" von Harald Lüngen [1994].
Die Arbeit von Güngördü und Oflazer ist nach ihrer eigenen Aussage die erste Arbeit, die sich mit einer computerlinguistischen Grammatik für die türkische Sprache beschäftigt.

Natürlich kann man nicht erwarten, daß solche ersten Arbeiten das komplexe Thema umfassend und vollständig behandeln.
So wird beispielweise in der Arbeit von Lüngen die freie Wortstellung überhaupt nicht behandelt. Seine Grammatik erkennt nur Sätze mit der Wortstellung *Subjekt - Dativobjekt - Akkusativobjekt - Prädikat*. Die Arbeit behandelt hauptsächlich die Verwendung von Verbalnomina zur Bildung von Objekt-, Relativ- und anderen Nebensätzen. Meine Arbeit geht in der Beschreibung der Verbalnomenphrasen nicht so tief ins Detail wie die von Lüngen, die Ver-

wendungsmöglichkeiten der Verbalnomen werden jedoch auch in dieser Arbeit kurz (und vollzählig) angesprochen.

Der (sehr kurze) Artikel von Güngördü und Oflazer enthält keine Implementierungsdetails, allerdings kann das System offenbar die freie Wortstellung handhaben. In der Arbeit wird eine Unterteilung der türkischen Sätze in "reguläre" Sätze (mit Verb am Ende) und "invertierte" Sätze (in denen das Verb an einer beliebigen anderen Stelle stehen kann) vorgenommen. Da beide Arten von Sätzen bis auf die Betonung der Konstituenten identisch sind, halte ich diese Unterteilung für überflüssig.

6.1. LFG-Grammatiken

Die Lexical Functional Grammar (LFG) liefert für einen Satz zwei Strukturen: Erstens Eine Konstituentenstruktur (C-Struktur) und zweitens eine Funktionsstruktur (F-Struktur).

Die C-Strukturen sind identisch mit den Ableitungsbäumen kontextfreier Grammatiken. Ein einfaches Beispiel ist:

```
S    ---->  NP   VP
NP   ---->  N    |    DET  N
VP   ---->  NP   NP   V
```

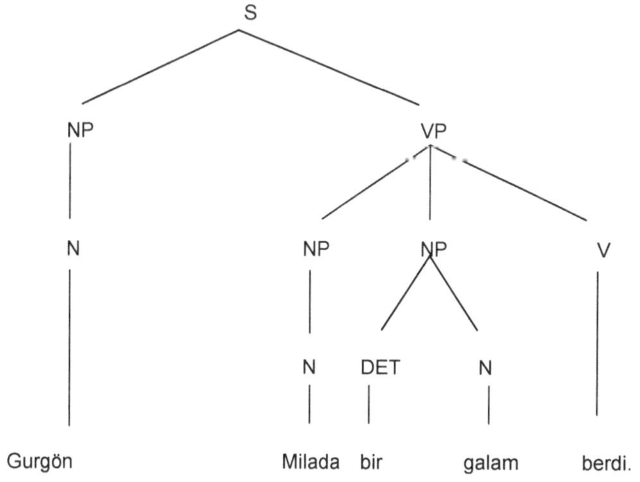

Die F-Struktur des Satzes könnte zum Beispiel so aussehen.

$$
\begin{array}{lll}
 & SUBJ & \begin{bmatrix} NUM & SG \\ PRED & 'Gurgön' \end{bmatrix} \\
 & TENSE & PAST \\
f1= & PRED & \text{'bermek(Gurgön,Milad,galam)'} \\
 & OBJ1 & \begin{array}{ll} NUM & SG \\ PRED & \text{'Milad'} \end{array} \\
 & OBJ2 & \begin{array}{ll} DEF & - \\ NUM & SG \\ PRED & \text{'galam'} \end{array}
\end{array}
$$

$$
f1=\begin{bmatrix}
SUBJ & \begin{bmatrix} NUM & SG \\ PRED & 'Gurgön' \end{bmatrix} \\
TENSE & PAST \\
PRED & 'bermek(Gurgön, Milad, galam)' \\
OBJ1 & \begin{bmatrix} NUM & SG \\ PRED & 'Milad' \end{bmatrix} \\
OBJ2 & \begin{bmatrix} DEF & - \\ NUM & SG \\ PRED & 'galam' \end{bmatrix}
\end{bmatrix}
$$

Die F-Struktur ist, formal gesehen, eine Funktion, die den Symbolen "SUBJ", "PRED" usw. Werte zuordnet. Symbole sind einfach Namen oder Nummern. Die Symbole sind atomar, das heißt, sie enthalten außer ihrem Namen oder ihrer Nummer keine andere Information.

Die zugeordneten Werte können sein:

1. Symbole (zum Beispiel "SG", "NOM"),
2. Semantische Formen.

   Semantische Formen sind Terme in Prolog-Notation. Die Terme werden zur Repräsentation des semantischen Inhalts der F-Struktur benutzt. Da ich in dieser Arbeit die Semantik nicht berücksichtige, sind die semantischen Formen hier nur der Vollständigkeit halber erwähnt (siehe hierzu folgendes Beispiel:

'bermek(Gurgön,Milad,galam)'

3. Mengen.

   Die Mengen können wiederum die gleichen Objekte enthalten, die auch als Werte in den F-Strukturen erlaubt sind.

4. F-Strukturen:

   F-Strukturen werden im allgemeinen als Liste notiert:

$$\begin{bmatrix} \text{Symbol 1} & : & \text{Wert 1} \\ \text{Symbol 2} & : & \text{Wert 2} \\ & .. & \\ & .. & \\ & .. & \\ \text{Symbol n} & : & \text{Wert n} \end{bmatrix}$$

Weil die F-Strukturen mathematische Funktionen sind, kann man die einem bestimmten Symbol zugeordneten Werte durch Funktionsauswertung bekommen. Zum Beispiel:

f1 (Tense) = Past

Im Gegensatz zur mathematischen Schreibweise lassen wir die Klammern weg, falls dieses nicht zu Mehrdeutigkeiten führt. Also schreiben wir einfach:

f1 Tense = Past

f1 Subj NUM = SG

Ein Ausdruck in der LFG-Notation läßt sich nach den folgenden Regeln bilden:

1. Jedes Symbol ist ein (konstanter) Ausdruck.
2. Jedes Funktionssymbol ist ein Ausdruck.
3. Sind Ausdruck 1 und Ausdruck 2 Ausdrücke und Ausdruck 1 ist keine Konstante, so ist auch Ausdruck 1 Ausdruck 2 ein Ausdruck.

Die Berechnung der F-Struktur wird dadurch bestimmt, daß zu jedem nichtterminalen Symbol, das auf der rechten Seite einer Produktion vorkommt, eine Menge von Regeln angegeben wird.

Die einzelnen Regeln sind entweder Definitionen oder Bedingungen.

1) Definitionen haben die Form:

<Ausdruck 1> = <Ausdruck 2>

oder

<Ausdruck 2> ∈ <Ausdruck 1>.

Dabei darf Ausdruck 1 kein konstanter Ausdruck sein.
Als Funktionssymbole sind nur der "Aufwärtspfeil" (↑) und der "Abwärtspfeil" (↓) erlaubt. Der Aufwärtspfeil repräsentiert die F-Struktur des übergeordneten Symbols und der Abwärtspfeil die F-Struktur des untergeordneten Symbols.
2) Bedingungen haben die Form:
<Ausdruck 1> =c <Ausdruck 2> oder Ausdruck oder beliebige logische Formeln, die man aus diesen zusammensetzen kann.
Die Bedingung <Ausdruck 1> =c <Ausdruck 2> ist genau dann wahr, wenn Ausdruck 1 und Ausdruck 2 definiert sind und den gleichen Wert haben. Das c wird an das Gleichheitszeichen geschrieben, um es von der Definitionsformel zu unterscheiden.
Eine Bedingung der Form "Ausdruck" ist genau dann wahr, wenn <Ausdruck> definiert ist.
Für das Beispiel oben könnten die Regeln so aussehen:

S	→	NP	VP	
		↑SUBJ=↓	↑=↓	
NP	→	DET N	|	N
VP	→	NP	NP	V
		↑OBJ1=↓	↑OBJ2=↓	

Man kann sich die Regeln anschaulicher machen, indem man die Produktionen nicht in der gewöhnlichen Weise, sondern als 'Syntaxbäume' auf- und die Regeln an die Kanten schreibt.

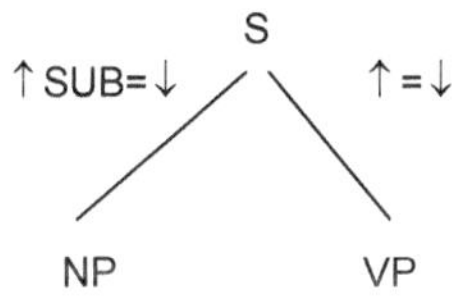

Nominalphrase 1:

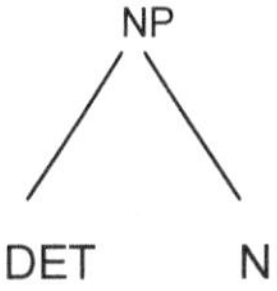

Nominalphrase 2:

Verbalphrase:

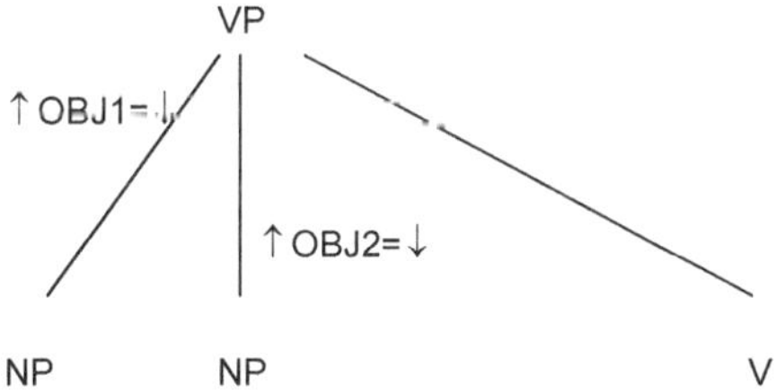

An diesen Bildern kann man leicht die Bedeutung von Aufwärtspfeil und Abwärtspfeil ablesen.

Bei DET, N und V sind keine Regeln angegeben, weil sie Terminalsymbole sind. Die Regeln für Terminalsymbole werden ins Lexikon geschrieben.

Das Lexikon enthält zum Beispiel die Einträge:

Gurgön:	N	;	NUM = SG ;	PRED		= 'Gurgön'
Milada:	N	;	NUM = SG	;	PRED = 'Milad'	
bir :	DET	;	NUM = SG	;	DEF = -	
galam :	N	;	NUM = SG	;	PRED = 'galam'	
berdi :	V	;	TENSE=PAST	;	PRED = 'Bermek(SUBJ PRED; OBJ1 PRED; OBJ2 PRED)	

Um die F-Struktur eines Satzes zu berechnen, ermittelt man zuerst die C-Struktur, die so aussieht:

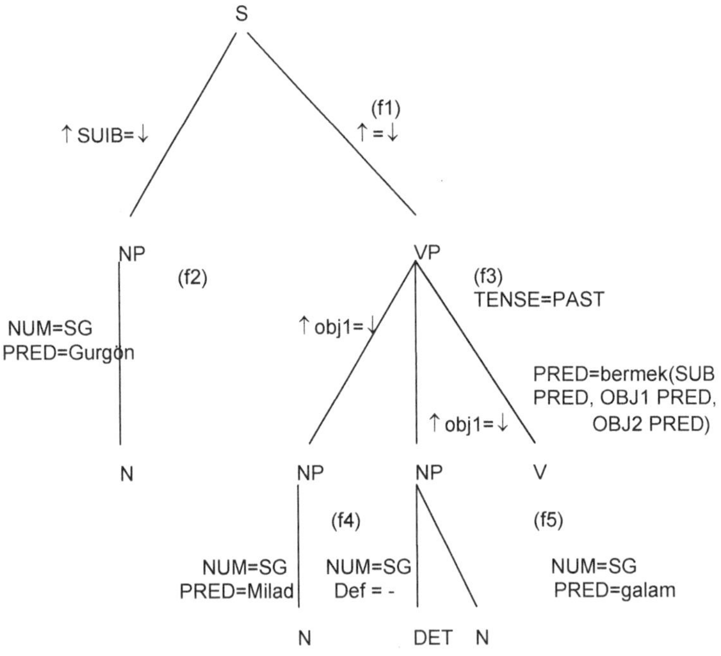

Jedem nichtterminalen Knoten des Syntaxbaumes wird eine F-Struktur zugeordnet. Im Beispiel haben diese die Namen "f1" bis "f5" bekommen. In den Regeln an den Kanten des Baumes beziehen sich jeweils der Aufwärtspfeil auf die obere F-Struktur und der Abwärtspfeil auf die untere F-Struktur. Die vollständige Liste der Regeln sieht also so aus:

f1	SUBJ =	f2	
f1	=	f3	
f2	NUM =	SG	
f2	PRED =	Gurgön	
f3	OBJ1 =	f4	
f3	OBJ2 =	f5	
f3	TENSE	=	PAST
f3	PRED =	bermek(f3 SUBJ PRED, f3 OBJ1 PRED, f3 OBJ2 PRED)	
f4	NUM =	SG	
f4	PRED =	Milad	
f5	NUM =	SG	
f5	DEF =	-	
f5	NUM =	SG	
f5	PRED =	galam	

Wenn diese Regeln unifizierbar sind, erhält man mit ihrer Hilfe F-Strukturen für f1 bis f5. Die F-Struktur des Satzes ist dann diejenige F-Struktur, die an der Spitze des Ableitungsbaums steht, in diesem Fall also f1.

Man unifiziert zwei Ausdrücke a1 und a2 mit den folgenden Regeln:

- Falls einer der beiden Ausdrücke undefiniert ist, dann wird er mit dem anderen Ausdruck identifiziert.
- Falls beide Ausdrücke Symbole sind, müssen sie aus demselben Symbol bestehen.
- Falls beide Ausdrücke Mengen sind, ersetzt man beide durch ihre Vereinigungsmenge.
- Falls beide Ausdrücke F-Strukturen sind, ersetzt man beide Ausdrücke durch diejenige F-Struktur, die jedem Symbol s, das im Definitionsbereich von a1 oder a2 liegt, die Unifikation von a1(s) und a2(s) zuordnet.

Regeln der Form "<Ausdruck 1> ∈ <Ausdruck 2>" sind äquivalent zu der Regel "{<Ausdruck 1>} = <Ausdruck 2>".

In der Praxis fängt man mit der Konstruktion der obersten F-Struktur an. Man identifiziert die F-Strukturen der Komponenten (so weit es geht) mit Bestandteilen dieser obersten F-Struktur.

Im folgenden Beispiel enthält die F-Struktur f1 (als Wert des Attributs "SUBJ") die F-Struktur f2.

f1 --

⇓+ f1 SUBJ = f2

f1 [SUBJ f2 --]

⇓+f1 = f3

f3,f1 [SUBJ f2 --]

⇓+f2 NUM = SG

f1,f3 [SUBJ f2[NUM=SG]]

⇓+f2 PRED = Gurgön

$$f1,f3 \begin{bmatrix} \text{SUBJ} & \begin{bmatrix} \text{NUM} = \text{SG} \\ \text{PRED} = \text{Gurgön} \end{bmatrix} \\ \Downarrow +F2 & \end{bmatrix}$$

.

.

.

Nachdem man aus den Definitionen eine F-Struktur konstruiert hat, muß man noch überprüfen, ob alle Bedingungen, die in den Regeln vorkommen, erfüllt sind.

Dabei ist es erforderlich, erst alle Definitionsregeln abzuarbeiten, bevor die Bedingungsregeln überprüft werden, da keine besondere Reihenfolge für das Parsen des Satzes und damit für die Konstruktion der F-Strukturen vorgeschrieben ist.

Anmerkung zum Lexem "bir":

Das Wort "bir" ist in den südwestürkischen Sprachen mehrdeutig. Man kann es als unbestimmten Artikel oder als Zahlwort für "eins" benutzten. Hier in unserem Beispiel haben wir es nur in seiner Funktion als Unbestimmtheitsartikel benutzt (s. Kap. 6.2, S. 117).

Es gibt einiges an Literatur über dieses Thema für das Türkeitürkische. Meines Wissens gab es bisher keine vergleichbare Arbeit über das Turkmenische.

6.1.1. Vereinfachende Notationen

Für einige häufig auftretende Muster in den Regeln werden wir allgemein gebräuchliche Abkürzungen verwenden:
Für das optionale Auftreten eines Symbols in einer Regel setzt man dieses Symbol in eckige Klammern. Für das wiederholte Auftreten eines Symbols in einer Regel hängt man an dieses Symbol einen Stern. Dabei sind auch null Wiederholungen möglich. Wenn mindestens eine Wiederholung notwendig ist, hängt man ein Plus-Zeichen an das Symbol.
Diese Abkürzungen lassen sich leicht durch die unten angegebenen Ableitungsregeln ersetzen. Dabei steht α für ein beliebiges nichtterminales oder terminales Symbol der Grammatik.

$[\alpha] \rightarrow \in \mid \alpha$

$\alpha^* \rightarrow \in \mid \alpha\ \alpha^*$

$\alpha+ \rightarrow \alpha\ \alpha^*$

6.2. Eine LFG für die turkmenische Sprache

Um eine LFG für die turkmenische Sprache zu entwerfen, sollte man zuerst einige grundlegende Regeln des turkmenischen Satzbaus erklären.
Der wichtigste Bestandteil des Satzes ist das Prädikat. Dazu können dann das Subjekt, Objekt und sonstige Komplemente kommen (s. Kap. 1.5.1., S. 19).
Diese Komplemente haben bis auf den Kasus alle die gleiche Syntax und können in fast beliebiger Reihenfolge vorkommen, obwohl normalerweise die Anordnung Subjekt - Objekt - Prädikat benutzt wird. Deshalb ist die im Europäischen übliche Aufteilung des Satzes in Subjekt und Verbalphrase hier nicht anwendbar (s. Kap. 5.2, S. 99).

Zuerst betrachten wir nur die Nominalphrase, weil diese eine in sich geschlossene syntaktische Einheit und für die Beschreibung des Satzes notwendig ist.

Die einfachste Möglichkeit für eine NP ist einfach ein Pronomen.

Die LFG-Regel sieht so aus:

$$NP \rightarrow \begin{matrix} Pro \\ \uparrow = \downarrow \end{matrix}$$

Die Hauptregel für die NP teilen wir in zwei Teile auf. Der erste Teil besteht einfach aus einer optionalen Genetiv-NP, und der zweite Teil besteht aus den optionalen Elementen Demonstrativartikel, Anzahl, Adjektiven(*), Artikel und mindestens einem obligatorischen Nomen.

Den zweiten Teil fassen wir unter dem Symbol $\overline{N}$ zusammen.

$$\overline{N} \rightarrow \begin{bmatrix} DEM \\ \uparrow = \downarrow \end{bmatrix} \begin{bmatrix} ZAHL \\ \uparrow NUM = SG \downarrow \\ \uparrow NUMBERMOD = \downarrow \end{bmatrix} \begin{matrix} ADJ^* \\ \downarrow \in (\uparrow AMODS) \end{matrix} \begin{bmatrix} DET \\ \uparrow = \downarrow \end{bmatrix} \begin{matrix} N \\ \uparrow = \downarrow \end{matrix}$$

Z.B.:

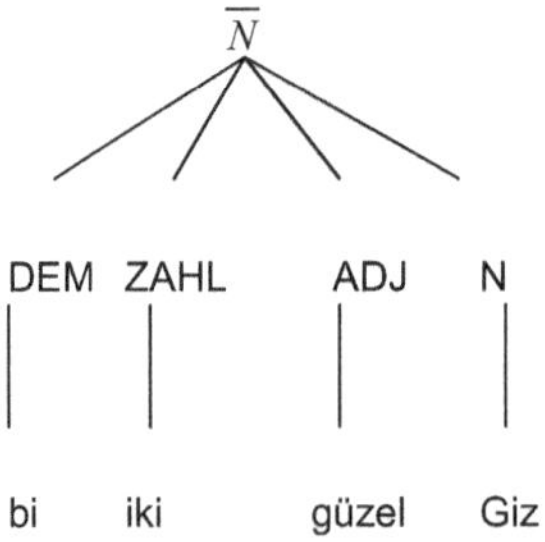

Diese beiden Teile werden mit der folgenden Regel zusammengefaßt.

$$NP \rightarrow (*) \begin{bmatrix} NP \\ \downarrow KAS = GEN \\ POSS\_SUFF =_c + \\ \uparrow POSS = \downarrow \end{bmatrix} \begin{matrix} \overline{N} \\ \uparrow = \downarrow \end{matrix}$$

Ein Beispiel:

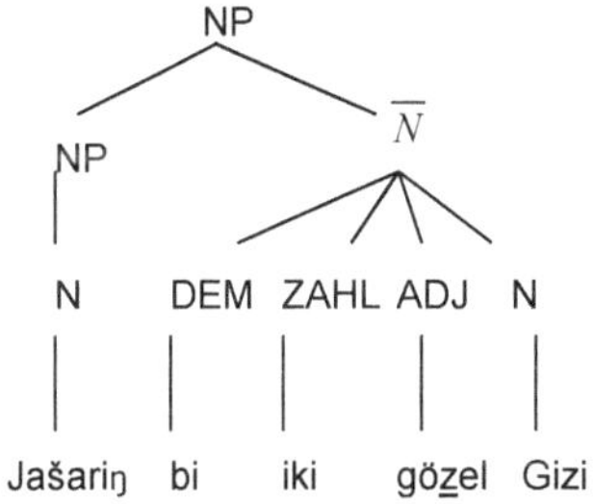

Die dritte Zeile oben * ist die Bedingung, daß das Nomen ein Possessivsuffix hat, wenn ein Genetivattribut vorhanden ist.

Für das Symbol DET gibt es in der turkmenischen Sprache nur den indefiniten Artikel "bir". Dieser wird auch gleichzeitig als Zahlwort für "eins" verwendet (s. Kap. 6.1, S. 114). Wenn kein Artikel angegeben ist, dann ist die NP entweder definit oder nichtreferentiell.

Hier ist ein Beispiel für ein nichtreferentielles Objekt:

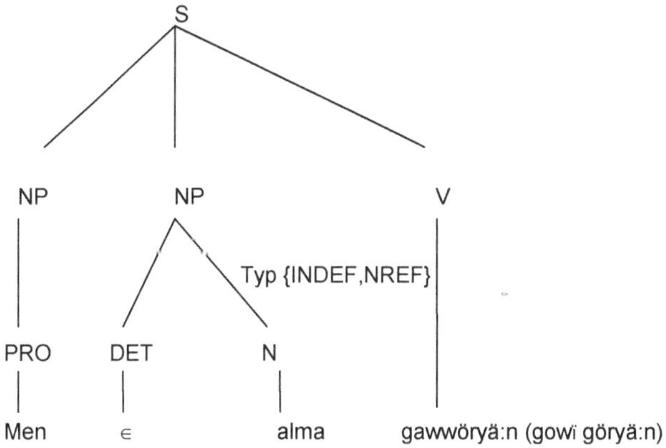

Um die Unterscheidung von definit (DEF), indefinit (INDEF) und nichtreferentiell (NREF) eindeutig zu machen, benutze ich einen 'leeren' Artikel, der den Typ DEF oder NREF bestimmt.

Wir ersetzen die Regel für $\overline{N}$ durch die folgende:

$$\overline{N} \rightarrow \begin{bmatrix} DEM \\ \uparrow = \downarrow \end{bmatrix} \begin{bmatrix} ZAHL \\ \uparrow NUM = SG \\ \uparrow NUMBERMOD = \downarrow \end{bmatrix} \begin{matrix} ADJ^{*} \\ \downarrow \in (\uparrow ADMODS) \end{matrix} \begin{bmatrix} \overline{DET} \\ \uparrow = \downarrow \end{bmatrix} \begin{matrix} N \\ \uparrow = \downarrow \end{matrix}$$

Außerdem ergänzen wir die Regeln:

$$\overline{DET} \rightarrow \begin{matrix} DET \\ \uparrow = \downarrow \end{matrix} \qquad \begin{matrix} \in \\ TYP \in \{DEF, NREF\} \end{matrix}$$

Für die Artikel muß außerdem im Lexikon der Typ angegeben werden.
Zum Beispiel: bir: DET; $\uparrow$NUM = SG; $\uparrow$TYP = INDEF

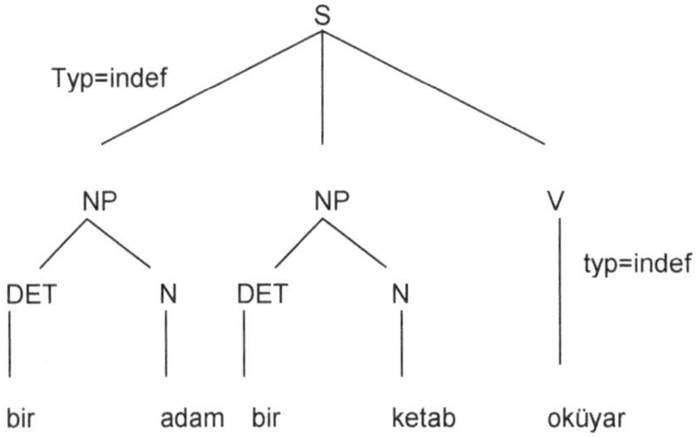

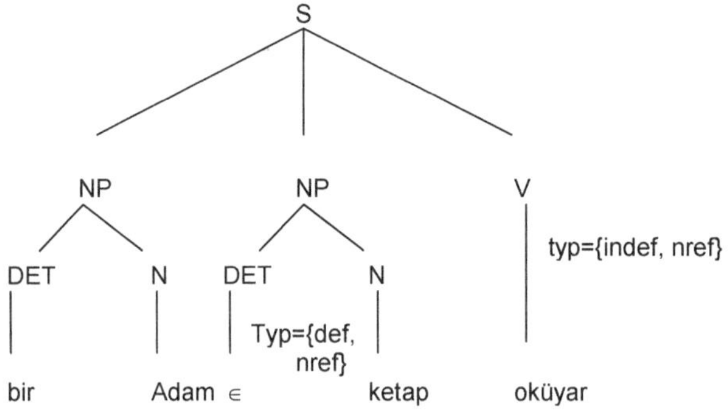

6.3. Satzaufbau

Behandlung von variabler Wortstellung in der LFG

Die LFG-Regeln legen nicht nur die Hierarchie der syntaktischen Kategorien fest, sondern auch ihre Reihenfolge in der übergeordneten Kategorie. Wenn in einer Sprache mehrere Anordnungen der Konstituenten möglich sind, muß man im Prinzip für jede mögliche Kombination eine Regel schreiben (vgl. Kap. 1.5.1, S.19).

Dadurch wird die Grammatik sehr groß und unlesbar. Dieses Problem wird in Head-Driven Phrase Structure Grammars (HPSGs) so gelöst, daß jedes Verb ein Feature SUBCAT erhält. SUBCAT ist die Menge der Komplemente, die das Verb haben soll. Die Regeln enthalten also nur die Informationen darüber, welche Bestandteile vorkommen, nicht in welcher Reihenfolge sie auftreten. Dies wird durch eigene Regeln festgelegt (s. Pollard, C. / Sag, I. 1994).

Zum Beispiel bekommt das Verb "geben" den SUBCAT-Wert {SUBJ, OBJ1, OBJ2}.

Dazu kommt eine Regel, die überprüft, ob die Konstituenten eines Satzes genau den vom Verb geforderten entsprechen. In der LFG gibt es diese eingebaute Regel nicht, also muß man sie nachprogrammieren.

Um das Problem in der LFG zu lösen, muß man zuerst eine übergeordnete Kategorie (XP) für alle Satzkonstituenten definieren. Die einzige Ausnahme davon ist das Prädikat. Jeder Konstituent bekommt ein CAT-Feature, das anzeigt, welche Funktion der Konstituent hat. Dann muß nur noch eine Regel definiert werden, die aus den Konstituenten inkrementell den Satz bildet.

Durch diese Regel muß überprüft werden, daß keine Funktion doppelt vorkommt oder vergessen wird.

Vereinfacht sehen die Regeln so aus:

S → X
↑ = ↓ INFO
↑ GIVEN=c ↓ NEEDED

X →	V	| XP	X
	↑ INFO=↓	| ↓ CAT ∈ ↑ GIVEN	↓ GIVEN ⊆ ↑ GIVEN
	↑ NEEDED= ↓ SUBCAT	| ¬ ↓ CAT ∈ X.GIVEN	↑ INFO = ↓ INFO
	↓ SUBJ PERS = ↓ PERS	| ↑ INFO(↓ CAT)=↓	↑ NEEDED=↓ NEEDED
	↓ SUBJ NUM = ↓ NUM		

X	XP
| ↓ GIVEN ⊆ ↑ GIVEN	↓ CAT ∈ ↑ GIVEN
| ↑ INFO = ↓ INFO	¬ ↓ CAT ∈ X.GIVEN
| ↑ NEEDED=↓ NEEDED	↑ INFO(↓ CAT)=↓

Ein Beispiel:

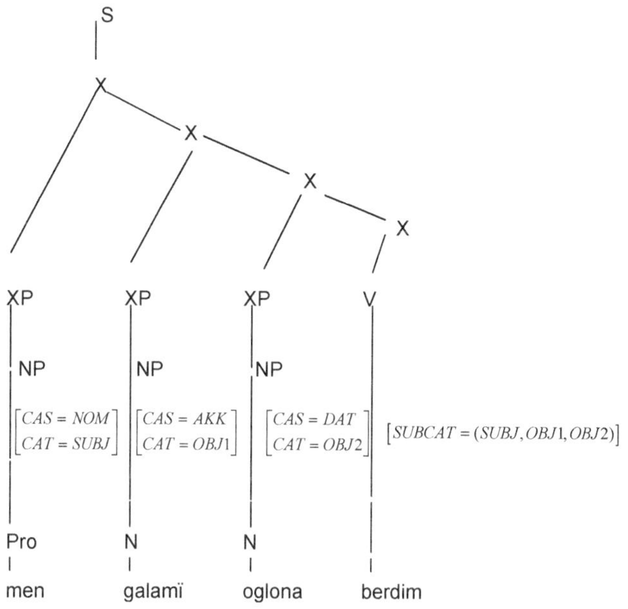

6.4. Die vollständige Satzstruktur

Die oben entwickelte Regel umfasst nur das Prädikat und die Komplemente im Satz. Es können aber auch zusätzlich Adjunkte, zum Beispiel Zeit- oder Ortsangaben, vorkommen.

Dafür kommen die folgenden Regeln hinzu:

X→	ADJUNCT $\downarrow \in$(INFO)ADJUNCTS	X $\downarrow = \uparrow$	|	X $\downarrow = \uparrow$	ADJUNCT $\downarrow \in (\uparrow$ INFO)ADJUNCTS

Für die Komplemente des Prädikates (XP) können Nominalphrasen oder Objekt- bzw. Subjektsätze (die mit Verbalnomina gebildet werden) eingesetzt werden.

$$\mathrm{XP} \longrightarrow \underset{\uparrow=\downarrow}{\mathrm{NP}} \;\Big|\; \underset{\uparrow=\downarrow}{\mathrm{VNP}}$$

Die Möglichkeiten für Adjunkten werden später behandelt.

6.4.1. Verbalnominalphrase

Im Turkmenischen kann statt einer Nominalphrase eine Verbalnomenkonstruktion ein Komplement des Prädikates bilden, die dann als Objekt oder Subjekt des Satzes verwendet wird.
Die Struktur der Verbalnomina ist identisch mit der Struktur eines Satzes, allerdings mit zwei Ausnahmen:
Erstens erhält das Verb eines der Suffixe _AN, -YAN, _GAK und _MA. Dieses zeigen wir in der LFG dadurch an, daß VFORM = NR (Nominalisierungssuffixe).
Zweitens wird das SUBJ des Nebensatzes nicht im Nominativ, sondern im Genetiv angegeben. Dies hat zur Folge, daß die Verbalnomen in Objektsätzen immer ein Possessivsuffix haben müssen. Außerdem muß das Subjekt immer ganz am Anfang der Phrase stehen (vgl. Kap. 5.4, S. 102).
Dieses beschreibt die folgende Regel.

$$\mathrm{VNP} \rightarrow \begin{bmatrix} NP \\ \uparrow SUBJ = \downarrow \\ \downarrow KAS = GEN \end{bmatrix} \begin{array}{c} X \\ \uparrow = \downarrow INFO \\ \neg SUBJ = \downarrow GIVEN \\ \{SUBJ\} \cup \downarrow GIVEN =_c \downarrow NEEDED \\ (\downarrow INFO) VFORM = NR \\ (\downarrow INFO) POSS-SUF =_c + \end{array}$$

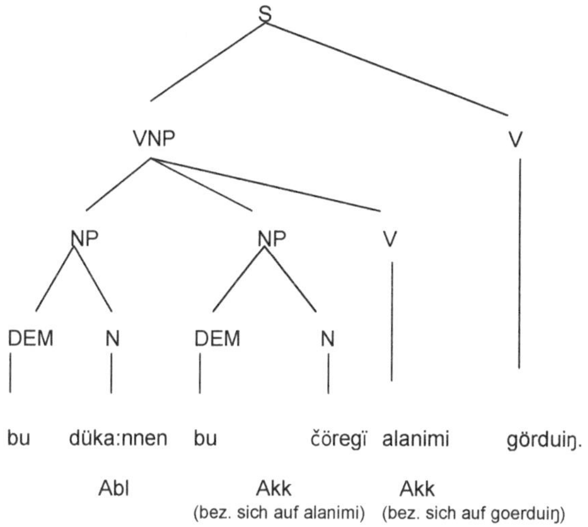

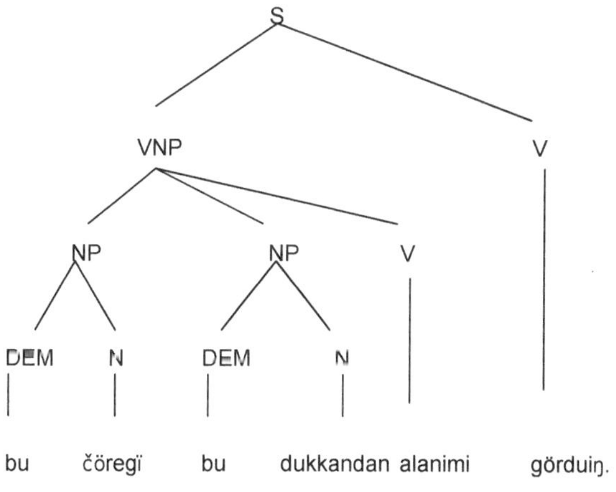

6.4.2. Relativsätze

Relativsätze werden ähnlich wie Objektsätze durch eine Verbalnomenphrase, die unmittelbar vor dem Referent stehen muß, gebildet (s. Kap. 5.4, S. 101).

In dieser Phrase wird der Referent selbst weggelassen. Im Gegensatz zu den Objektsätzen wird das Possessivsuffix nicht an das Verbalnomen, sondern an den Referenten angehängt (vgl. Kap. 5.4, S. 101).

Dabei muß man zwei Fälle unterscheiden:

a) Wenn der Referent des Bezugsnomens mit dem Referenten des Relativsatzsubjekts identisch ist, wird kein Possessivsuffix benutzt.

NP --->	X	NP
	↑ Rel = ↓ INFO	↑ = ↓
	¬ SUBJ = ↓ GIVEN	(↑ REL) SUBJ = ↓
	{SUBJ}∪ |GIVEN = ↓ |NEEDED	
	(↓ INFO) VFORM = NR	

Zum Beispiel:

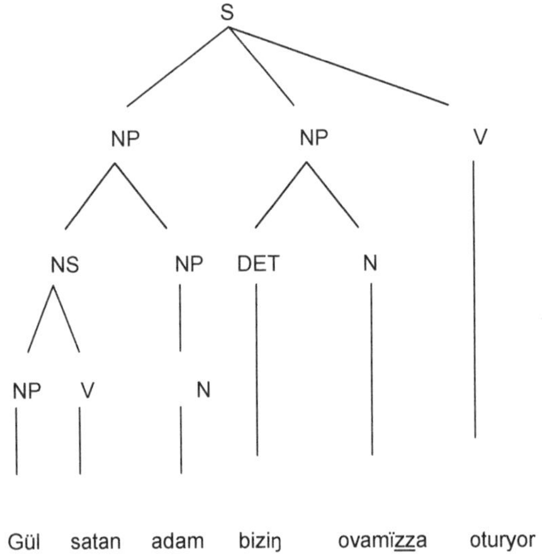

b) Ist der Referent des Bezugsnomens nicht mit dem Referenten des Relativsatzsubjekts identisch, trägt das Bezugsnomen ein Possessivsuffix. Wenn der Relativsatz ein explizites Subjekt hat, dann steht dieses im Genetiv (vgl. Kap. 5.4, S. 101).

$$
NP \rightarrow \left[\begin{array}{l} NP \\ (\uparrow REF)SUBJ = \downarrow \\ \downarrow KAS = GEN \end{array}\right]
\quad
\begin{array}{c} X \\ \uparrow REF \;=\; \downarrow INFO \\ \neg SUBJ \;=\; \downarrow GIVEN \\ \{SUBJ\} \cup \downarrow GIVEN =_c \downarrow NEEDED \\ (\downarrow INFO)VFORM \;=\; NR \end{array}
\quad
\begin{array}{c} NP \\ \uparrow = \downarrow \\ \downarrow POSS-SUF =_c + \end{array}
$$

Zum Beispiel:

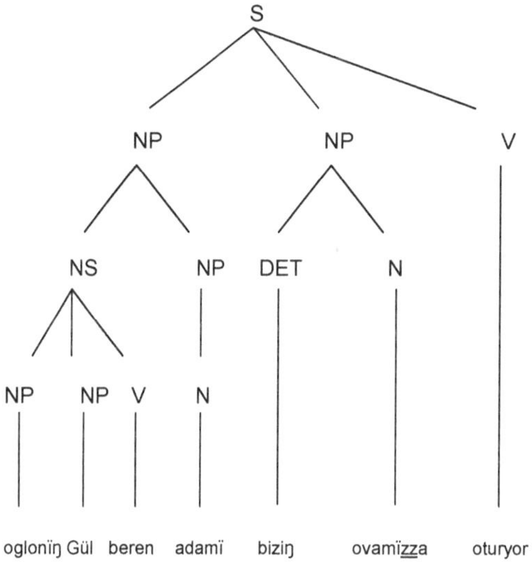

6.4.3. Frage- und verneinte Sätze

In Turksprachen werden Frage- und verneinte Sätze durch Einfügen oder Anfügen eines zusätzlichen Morphems in das Verb des Satzes oder durch Verwendung eines Fragepronomens gebildet. Die Wortstellung bleibt dadurch unverändert. Das bedeutet, daß die Syntaxregeln von normalen Sätzen und Frage- bzw. verneinten Sätzen identisch sind.

Das Morphem für die Verneinung wird direkt nach dem Verbstamm eingefügt, während die Endung für die Frageform am Ende des vollständigen Verbs angehängt wird. Das Morphem ist sowohl bei der Frage als auch der Verneinung _mi, wobei das Ergebnis noch durch die Vokalharmonie modifiziert wird (s. Kap. 3.6, S. 44).

Für die Implementierung ist das Lexikon zuständig. Dafür können entweder neue Verbformen definiert werden (z. B. VFORM = Frage), oder man benutzt (VFORM = Fin) und definiert zusätzlich neue Attribute.
Eine andere Möglichkeit, einen Fragesatz zu bilden, ist die Verwendung eines Fragepronomens. Das Fragepronomen steht meistens am Anfang des Satzes, und der Rest des Satzes folgt der normalen Syntax (ohne mi). Das entsprechende Objekt fällt natürlich weg (vgl. Kap. 5.3, S. 101).
Ein Beispiel:

[kim geldi?] "Wer ist gekommen?"
[kime galami berdi?] "Wem gab er einen Stift?"

Das Fragepronomen steht dabei meistens am Anfang des Satzes, kann aber auch an anderen Stellen vorkommen.

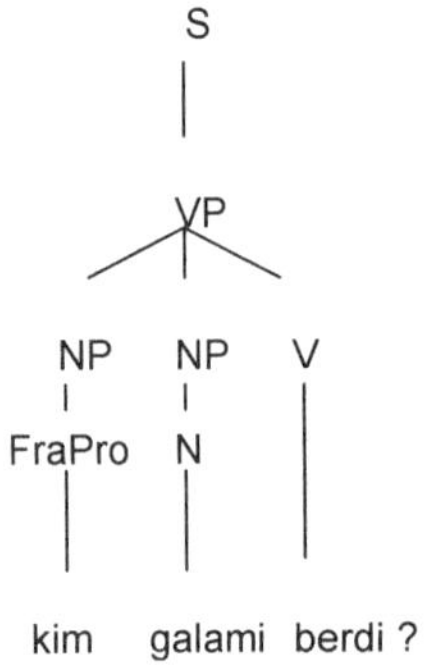

Dies erreicht man durch die folgende Regel:

NP → FragePro
↑=↓
Frage= +

Die Zeit (Vergangenheit oder Zukunft) wird ebenfalls nur durch die Endung angezeigt. Das heißt, daß die Erkennung durch das Lexikon gewährleistet sein muß.

6.4.4. Adjunkt

Adjunkte sind zusätzliche Informationen, die in einen Satz eingefügt werden können, zum Beispiel Zeit- und Ortsangaben.

Im Turkmenischen gibt es mehrere Möglichkeiten, ein Adjunkt zu bilden:

Die einfachste Möglichkeit ist: aus einem Adverb (vgl. Kap. 4.1.8, S. 78).

Ein Beispiel:

[Telefon uz̲ï:n gaŋladï] "Das Telefon hat lange geklingelt."

Die entsprechende Regel dafür lautet:

ADJUNCT → Adv
↑ = ↓ ADJUNCTS

Außerdem kann eine NP im Lokativ angegeben werden.

Die entsprechende Regel dafür lautet:

ADJUNCT → NP
↑ = ↓ ADJUNCTS
↓ KAS = LOK

Weitere Möglichkeiten sind die Postpositionalphrase und Konverbkonstruktionen.

Die entsprechende Regeln dafür sind:

ADJUNCT ---> PP
↑ = ↓ ADJUNCTS

Es gibt viele Möglichkeiten, mit Konverben Nebensätze zu bilden, deshalb wollen wir nicht alle Möglichkeiten aufzählen. Hier nur ein Beispiel für die temporalen Nebensätze.

ADJUNCT ---> X
↑ = ↓ INFO
(↓ INFO) VFORM = CONV-IP
¬SUBJ = ↓ GIVEN
{SUBJ}∪ ↓ GIVEN = ↓ NEEDED

Zum Beispiel:

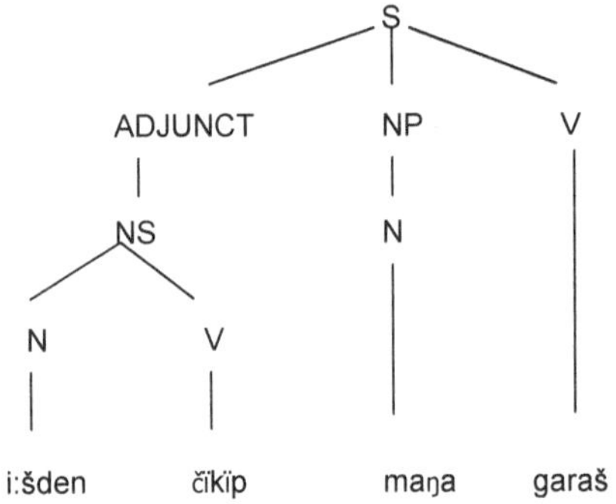

6.4.5. Postpositionalphrase

Postpositionalphrasen bestehen aus einer Nominalphrase und einer Postposition. Die Postposition bestimmt dabei den Kasus, in dem die Nominalphrase stehen muß (s. Kap. 4.1.4, S. 57) .

Die Regeln dafür sind:

PP → NP P
(↑OBJ) = ↑=↓

Zum Beispiel:

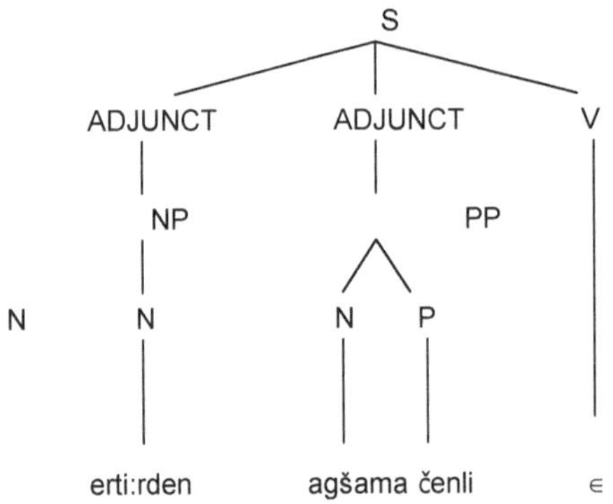

7. Lexikon der verwendeten Wörter

Gurgön: Eigenname (Kasus: Nominativ, Numerus: Singular)
Milada: Eigenname (Kasus: Dativ [Suffix a], Numerus: Singular)
bir: ein (Artikel, Form: indefiniert, Numerus: Singular)
Galam: Bleistift (Kasus: Nom, Numerus: Singular)
Galamï: Bleistift (Kasus: Akkusativ [Suffix i], Numerus: Singular)
berdi: gab (Verb, Tempus: Vergangenheit, subcat: Subjekt, Objekt1, Objekt2)
berdim: ich gab (Verb, Zeit: Vergangenheit, subcat: Subjekt, Objekt1, Objekt2)
bi: dem (Form: definiert)
iki: zwei (zahl)
güzel: schön(Adjektiv)
ğiz: Mädchen
ğizi: Mädchen (Kasus: Genetiv [Suffix i])
Jašariŋ: Eigenname (Kasus: Genetiv [Suffix ïŋ], Numerus: Singular)
men: ich (Personalpronomen)
alma: Apfel
gawwöryä:n: mögen (Verb)
adam: Mensch
adamï: Mensch (Kasus: Genetiv [Suffix i])
ketab: Buch
oküyar: er, sie liest
oğlona: zum Junge (Kasus: Dativ [Suffix a])
oğlonïŋ: Junge (Kasus: Genetiv [Suffix ïŋ])
bu: dies (Demonstrativpronomen)
[düka:nnen]Geschäft (Kasus: Ablativ; Suffix für räumlichen Ausgangpunkt "den", durch Assimilation "nen")
čöregï: Brot (Kasus: Genetiv [Suffix i])
alanimi: daß ich genommen habe (Verb alan = nehmen)
görduiŋ: Du hast gesehen (Verb: görmek = sehen)
gül: Blume
satan: der verkauft

biziŋ:	unser (Personalpronomen)
ovamïzza:	in unserem Dorf
oturyor:	wohnt
beren:	daß gegeben hat
kim:	wer (Nominativ)
i:šden:	Arbeit (Kasus: Ablativ; räumlicher Ausgangpunkt: "den")
čïkïp:	verlassen
maŋa:	mir (Personalpronomen)
garaš:	warte (Verb, imperativ)
erti:rden:	Morgen (Ablativ, Suffix für zeitlichen Ausgangpunkt "den")
ağšama:	Nacht (Kasus: Dativ Suffix: "a" [zur Nacht])
čenli:	bis (Postposition mit Dativ)

8. Das Isadora-System

Für die Spracherkennung haben sich im wesentlichen zwei Methoden durchgesetzt, die konnektionistische (Neuronale Netze) und die stochastische (Hidden-Markov-Modelle) (s. Fink, G. A. 1995).
Da es im Turkmenischen viele phonologische und morphologische Regelmäßigkeiten gibt (zum Beispiel die Vokalharmonie), eignet sich dafür besser der stochastische Ansatz, weil man die Struktur der Hidden-Markov-Modelle entsprechend dieser Regelmäßigkeiten erstellen kann.

8.1. Kurze Beschreibung des Isadora-Systems

Das Isadora-System ist ein Programmpaket zur stochastischen Spracherkennung. Das System enthält verschiedene Algorithmen zur Vorverarbeitung, Merkmalsberechnung und Klassifikation des Sprachsignals.
Der wichtigste Bestandteil ist ein System zum Erstellen und Anwenden von rekursiven Hidden-Markov-Modellen, die durch eine deklarative Regelsprache, ähnlich den kontextfreien Grammatiken, beschrieben werden.

8.2. Wie funktioniert Isadora?

Der erste Schritt der Spracherkennung besteht in der Aufnahme des Sprachsignals. Das Sprachsignal wird dabei in sehr kurzen Zeitabständen abgetastet.
Die Abtastrate (die Häufigkeit der Abtastung) muß dabei mindestens doppelt so hoch sein wie die höchste Frequenz, die Isadora erkennen soll. Dadurch erhält man eine Folge von Zahlen, die eine Annährung des Sprachsignals beschreibt.
Das Problem dabei ist, daß dieses Signal die Überlagerung von allen Tönen der Sprache, aber auch der Nebengeräusche, darstellt. Es können für Laute, die für uns sehr ähnlich klingen, sehr unterschiedliche Sprachsignale entstehen.

Deshalb muß das Sprachsignal in eine Form umgewandelt werden, in der ähnliche Geräusche ähnlich dargestellt werden.
Dazu wird das Sprachsignal in viele Zeitfenster eingeteilt. Im allgemeinen enthält jedes Zeitfenster mehrere hundert Abtastwerte. In jedem Zeitfenster wird dann das Sprachsignal in seine verschiedenen Frequenzanteile aufgespalten (Spektrumanalyse). Dadurch bekommt man für jedes Zeitfenster einen Vektor von Zahlen, der die Anteile der verschiedenen Frequenzen am Sprachsignal beschreibt.
Die Vorteile dieser Darstellung liegen vor allem darin, daß die Frequenzspektren für einen Laut wesentlich charakteristischer sind als das reine Sprachsignal. Weitere Vorteile sind die Reduktion der Datenmenge und die implizierte Filterung des Sprachsignals, weil alle Frequenzen, die in gesprochener Sprache nicht vorkommen, automatisch herausgefiltert werden.
Auf die Merkmalsberechnung folgt die Klassifikation der Merkmalsvektoren. Dabei wird der gesamte Merkmalsraum, das heißt die Menge alle möglichen Merkmalsvektoren, aufgeteilt in bestimmte Bereiche.
Jeder Bereich entspricht einem Laut, den das System erkennen soll. Für jedes Zeitfenster wird dann der Laut angegeben, in dessen Bereich der Merkmalsvektor liegt. Dadurch hat man das Sprachsignal umgewandelt in eine Abfolge von verschiedenen Lauten, die unserem Sprachempfinden schon recht nahekommt (zum Beispiel null ist nnnnuuuulll).
Als letzter Schritt der Worterkennung kommt dann die Dekodierung der Lautfolge in eine Folge von Wörtern. Dabei treten verschiedene Probleme auf:
Erstens ist die Aussprache eines Wortes nicht immer identisch, das heißt, manchmal wird ein Laut länger gesprochen als üblich, oder es wird ein Laut eingefügt oder unterdrückt etc.
Zweitens sind die Wortgrenzen im Sprachsignal nicht erkennbar. Das führt dazu, daß für die gleiche Lautfolge manchmal mehrere gültige Interpretation existieren.
Um diese Probleme zu behandeln, verwendet man stochastische Verfahren, das heißt, man berechnet mehrere mögliche Lösungen und die Wahrscheinlichkeiten, daß das Sprachsignal zu der jeweiligen Lösung gehört. Dann wählt man die beste Lösung aus.

Dabei benutzt man Markov-Ketten, um die Wahrscheinlichkeiten zu berechnen. Eine Markov-Kette ist ähnlich wie ein endlicher Automat. Er besteht aus einer Menge von Zuständen und Pfeilen zwischen den Zuständen.
Die Zustände sind mit einem bestimmten Laut und die Pfeile mit einer bestimmten Übergangswahrscheinlichkeit behaftet. Eine Folge von Lauten entspricht dann einem Weg durch dieses Netzwerk.
Zum Beispiel:

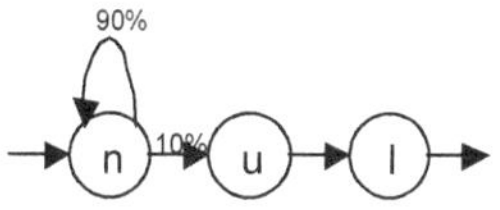

Aus den Lerndaten berechnet das System die Übergangswahrscheinlichkeiten, das heißt, wie wahrscheinlich es ist, daß nach dem n-Laut noch ein weiteres n oder ein u oder irgendein anderer Laut folgt.
Das System kann daraus zu einer gegebenen Folge von Lauten berechnen, wie wahrscheinlich es ist, diese Folge für das entsprechende Wort zu erhalten. (Das heißt, für jedes Wort gibt es eine eigene Markov-Kette).
Man braucht nur noch ein geeignetes Suchverfahren, das die Wörter mit den höchsten Wahrscheinlichkeiten herausfindet und ausgibt.

8.2.1. Benutzung des Isadora-Systems

Eine Netzwerkdefinition in Isadora besteht aus einer Datei, die mehrere Regeln der Form:
<Typ>: <Konzept> <Bestandteile> ;
enthält.
Erlaubte Typen sind A, S, P und F mit den folgenden Bedeutungen:
A: beschreibt ein Atomares Konzept. Für jedes atomare Konzept wird ein Markov-Modell der Form

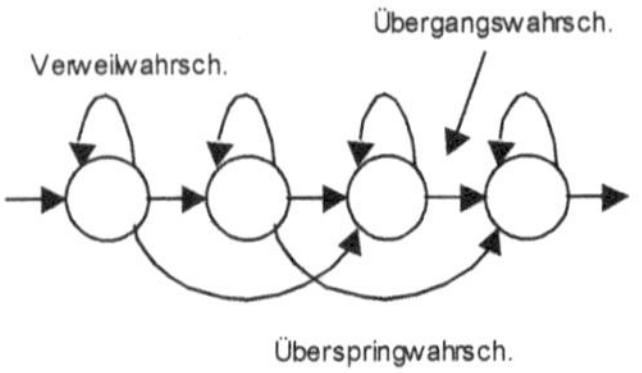

angelegt.
Bei dieser Regel ist <Bestandteile> immer leer. Die Anzahl der Knoten und die initialen Übergangswahrscheinlichkeiten werden dabei in einer separaten Datei (EDL-Datei) festgelegt.

8.2.2. EDL-Dateien

Die EDL-Datei enthält eine Tabelle, in der in jeder Zeile ein atomares Konzept, dessen Labelsymbol, die Anzahl der Zustände, die Verweilwahrscheinlichkeit und die Übergangswahrscheinlichkeit eingetragen sind.
Ein Beispiel:

Konzept	Label	Zustände	Verweilwahrsch.	Übergangswahrsch.
[a]	a	1	0.5	0.3

S: beschreibt die Hintereinanderschaltung von Konzepten.

<Bestandteile> enthält die Liste der enthaltenen Konzepte, und es wird dann das Markov-Modell

→ [Teil 1] → [Teil 2] → [...] → [Teil n] →

erzeugt.

P: beschreibt die Parallelschaltung von Konzepten.

<Bestandteile> enthält wie bei S eine Liste von Konzepten. In diesem Fall sind es nicht die Komponenten, sondern die Alternativen. Es wird das Markov Modell

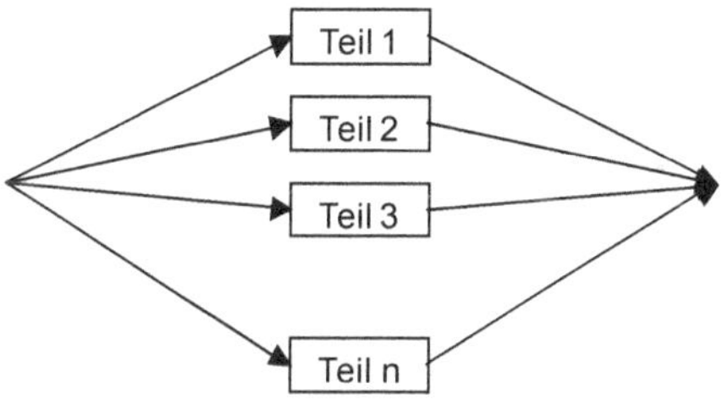

angelegt.

R: beschreibt die Wiederholung eines Konzepts.

<Bestandteile> muß genau ein Konzept enthalten. Das entsprechende Markov-Modell sieht so aus:

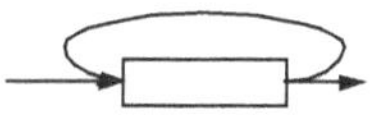

F: beschreibt eine Adjazenzverschaltung von Konzepten, das heißt eine Verknüpfung von Konzepten, die einem endlichen Automaten entspricht.

<Bestandteile> enthält die Liste der enthaltenen Konzepte und die Adjazenzmatrix.

Wenn das Konzept n Komponenten enthält, dann ist die Adjazenzmatrix eine Matrix (n + 1) x (n + 1), die nur die Werte Null oder Eins enthält.

Die Matrix besteht aus vier Bereichen mit unterschiedlichen Bedeutungen:

- Oben links steht immer eine null.
- Die weiteren Einträge der ersten Zeile zeigen an, ob das entsprechende Konzept am Ende vorkommen darf oder nicht. Dabei entspricht dem n-ten Unterkonzept die Zahl in der (n + 1)-ten Spalte.
- Die weiteren Einträge der ersten Spalte zeigen an, ob das entsprechende Konzept am Anfang vorkommen darf oder nicht.
- Die Einträge im Rest der Matrix zeigen an, wo Übergänge zwischen den Komponenten möglich sind. Dabei bedeutet eine Eins in Zeile (i + 1) und Spalte (j + 1), daß ein Übergang vom i-ten zum j-ten Bestandteil möglich ist.

Ein Beispiel für eine Adjazenzmatrix:

0	1	1	Ende
1	0	1	
1	0	0	
Anfang			

Dem entspricht das folgende Markov-Modell:

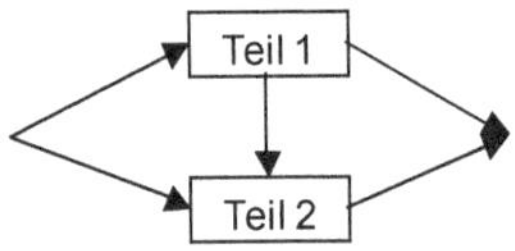

Jedes Isadora-Markov-Modell muß zwei Konzepte mit den Namen ROOT und SILENCE enthalten.

Dabei ist ROOT immer das Wurzelkonzept für das gesamte Netz, und SILENCE ist das Pausenkonzept.

- Das Wurzelkonzept enthält normalerweise Unterkonzepte für die nonverbale (baseline) Produktion, für den eigentlichen Wortschatz (Satz und Lexikon) und für die Trainingsstichproben (Korpora).
- Das Baselinekonzept enthält die Konzepte für Pausen (SILENCE) und Nebengeräusche [+].

- Der Wortschatz enthält Konzepte, die alle erlaubten Äußerungen umfassen. In diesen Regeln ist insbesondere für jedes Wort die phonetische Beschreibung enthalten.
- Die Korpora enthalten für jede Aufnahme, die man zum Trainieren benutzt, die Folge der Wörter, die in dieser Aufnahme vorkommen.

Um das Netzwerk aus den oben beschriebenen Regeln zu erzeugen, benutzt man den Befehl:

```
Cinitializer <Regeln> <Netzwerk> <EDL> <INS>
```

Die INS-Datei enthält dabei eine Liste der zu den Trainingsdaten gehörenden Labeldateien.

Der Befehl erzeugt nicht nur das Netz, sondern initialisiert auch die Übergangswahrscheinlichkeiten und die Daten der atomaren Modelle.

Um das Netz zu trainieren, benutzt man den Befehl:

```
Ctrainer <Netz> <neues Netz> <TRS> <#Iter> <Optionen>
```

Die TRS-Datei enthält zu jeder Trainingsaufnahme das entsprechende Isadora-Konzept, die Optionen können dabei einige Trainingsparameter verändern.

Außerdem kann man durch eine geeignete Option mit diesem Programm automatisch Labeldateien erzeugen. Dies ist natürlich erst dann sinnvoll, wenn das Netzwerk schon hinreichend gut trainiert ist.

Zur Worterkennung gibt es den Befehl:

```
Ccwr <Netz> <Konzept> <# Beam> <Optionen>
```

Dieses Programm liest von der Tastatur die Namen von Aufnahmedateien und gibt dann die erkannten Wörter und deren Anfang und Ende auf dem Bildschirm aus.

8.2.3. Beschreibung der Implementierung

Der Wortaufbau im Turkmenischen ist dadurch gekennzeichnet, daß fast jedes Wort mit einer ganzen Reihe von Suffixen versehen werden kann. (s.

Kap.1.5.1, S.19). Die Suffixe sind im allgemeinen optional, müssen aber in einer fest vorgegebenen Reihenfolge vorkommen. Diese Suffixe werden noch zusätzlich durch die Vokalharmonien beeinflußt (s. Kap. 3.6, S. 44).
Außer einigen wenigen Wörtern, die keine Suffixe tragen können - wie zum Beispiel 've' = "und" -, gibt es nominale und verbale Stämme. Aus den verbalen Stämmen können durch Verbalnomensuffixe Nomen gebildet werden, so daß auch Wörter möglich sind, die sowohl verbale als auch nominale Suffixe tragen (vgl. Kap.4.2, S. 79).
Wegen dieser Eigenschaften des turkmenischen Wortbaus habe ich die Wörter in drei Klassen eingeteilt: Undeklinierte Wörter, Nomenstämme und Verbstämme. Alles andere wird durch Suffixe beschrieben.
Zur Implementierung der Vokalharmonie bin ich folgendermaßen vorgegangen: Jeder Stamm und jedes Suffix bekommen einige zusätzliche Attribute, die festlegen, welche Harmonie vor und nach dem Suffix kommen muß. Außerdem werden einige Suffixe leicht modifiziert, wenn sie nach einem Vokal oder einem Konsonanten stehen. Diese Attribute werden durch Anhängen von Endungen an die Wortkategorie dargestellt. Falls die Suffixe nicht erforderlich sind, werden sie einfach weggelassen, zum Beispiel sind die Pluralendungen nach Vokalen und Konsonanten identisch und enden immer auf einen Konsonant.
Zum Beispiel enthält die Kategorie 'NStamm_a_k' alle Nomenstämme, die zur a-Harmonie gehören und auf einen Konsonanten enden. Die Regeln stellen dann sicher, daß an einen solchen Stamm nur Suffixe angehängt werden, die auch zur a-Harmonie gehören und nach einem Konsonanten stehen können.
Abstrakt betrachtet, stellt die Adjazenzmatrix ein Zustandsübergangsdiagramm dar, das beschreibt, in welchem Zustand (bestehend aus Harmonie und Konsonant oder Vokal) welche Suffixe folgen können.

8.2.4. Ergebnisse

Da in Deutschland nur wenige turkmenische Sprecher zur Verfügung standen, sind nur Aufnahmen von 4 Sprechern gemacht worden, insgesamt 11

Aufnahmen. Die Bedingungen der Aufnahme haben sich zwischen den Aufnahmen geändert (mal viele Nebengeräusche, mal wenige).
Durch die geringe Zahl der Tests sind statistische Aussagen wenig aussagekräftig. Trotzdem werde ich hier die beobachteten Ergebnisse zusammenfassen.
Die Versuche mit Isadora haben gezeigt, daß die vielen kombinatorischen Möglichkeiten, die durch die Suffixregeln entstehen, ein Problem bei der Worterkennung ergeben. Dadurch, daß sehr viele ähnliche Wörter als Ergebnis möglich sind, steigt natürlich die Wahrscheinlichkeit, ein falsches Wort zu erkennen.
Um diese riesige Anzahl von möglichen Suffixformen zu reduzieren, wurden die Regeln der Vokal- und Labialharmonie implementiert.
Andererseits wird durch den regelbasierten Ansatz von Isadora eine sinnvolle Bearbeitung der turkmenischen Sprache überhaupt erst möglich, da ein Programm, das jede Deklinationsform der Wörter einzeln behandelt, bei der großen Anzahl der Möglichkeiten gar nicht programmiert werden könnte.
Ein Nomenstamm kann über 100 verschiedene Suffixkombinationen eingehen, ein Verbstamm sogar noch mehr. Der in den Tests verwendete Teil des Turkmenischen enthält nur 97 Stammwörter. Durch die Flexion ergeben sich aber über 10000 mögliche Kombinationen (vgl. Kap.13, S. 232).
Wenn man die Aufnahme auf einen noch kleineren Teil beschränkt, zum Beispiel die Zahlen von 0 bis 100, dann ergeben sich Trefferraten von ca. 90%. Dabei sind nur die einzelnen Bestandteile der Zahlen trainiert worden. Trotzdem hat Isadora auch zusammengesetzte Zahlen korrekt erkannt. Das zeigt, daß Isadora in der Lage ist, auch zusammengesetzte Wörter zu erkennen, wenn die Bestandteile gut trainiert sind und die Regeln das erlauben.
Beim Training der gesamten Stichprobe könnte auch das Problem aufgetreten sein, daß die Suffixe nie einzeln trainiert wurden, sondern immer nur in Kombination mit einem Verb- oder Nomenstamm, und daß dadurch eventuell die Trennung zwischen Stamm und Suffix nicht so klar möglich ist, wie bei den Zahlen, deren Bestandteile getrennt trainiert wurden.
Zusammenfassend kann man sagen, daß die oben beschriebene Implementierung gute Ansätze zeigt, aber durch die kleine Anzahl der Sprecher und

Aufnahmen und die Vielfältigkeit der Sprache noch nicht ausreichend trainiert werden konnte.

9. Abkürzungen und Symbole

9.1. Allgemein

1	erste Person
2	zweite Person
3	dritte Person
A	Adjektiv
Abl	Ablativ
Adv	Adverb
Akk	Akkusativ
AP	Adjektivphrase
Dat	Dativ
Dem	Demonstrativartikel
e	leere Kategorie
Gen	Genetiv
GB	Government and Binding-Theorie
GPSG	Generalized Phrase Structure Grammar
HPSG	Head-Driven Phrase Structure Grammar
LFG	Lexical Functional Grammar
NP	Nominalphrase
Nom	Nominativ
NR	Nominalisierungssuffix
NS	Relativsatz
Lok	Lokativ
P	Postposition
Pl	Plural
PP	Postpositionalphrase
Poss	Possessivsuffix
Pro	Pronomen
S	Satz
Sg	Singular
V	Verb
VNP	Verbalnominalphrase (Objektsätze)
VP	Verbalphrase

9.2. Isadora

Das Akronym Isadora steht für: Integrated System for the Automatic Decoding action Sequences of Real-valued Arrays

Mögliche Kodierungen zur Harmonie zwischen Stamm und Suffixen:

Nomen_a	lies "Nomen in a-Harmonie", das heißt der Vokal, der die Qualität des Vokals der folgenden Silbe harmonisch bestimmt, ist a (z.B. regelt dieses Konzept in 'Ata + Akk' = AtanI, daß a in der zweiten Silbe von Ata den Vokal I im Akk-suffix nach sich zieht.).

Analog dazu:

Nomen_e	Nomen in e-Harmonie
Nomen_o	Nomen in labialisierter a-Harmonie
Nomen_oe	Nomen in labialisierter e-Harmonie

NStamm_a_k	Nomenstamm in a-Harmonie, der auf einen Konsonanten endet
NStamm_a_v	Nomenstamm in a-Harmonie, der auf einen Vokal endet
Plural_a	Pluralsuffix in a-Harmonie
Poss_a_k_k	Possessivsuffix in a-Harmonie, das auf einen ten folgt und auf einen Konsonanten endet.
Poss_a_k_v	
Poss_a_v_k	
Poss_a_v_v	
Kasus_a_k	Kasussuffix in a-Harmonie, das auf einen Konsonanten folgt
Kasus_a_v	

Analog dazu:

Nomen_e
NStamm_e_k
NStamm_e_v
NStamm_e_e
Plural_e
Poss_e_k_k
Poss_e_k_v
Poss_e_v_k
Poss_e_v_v
Poss_e_e_k
Poss_e_e_v
Kasus_e_k
Kasus_e_v

Nomen_o
NStamm_o_k
NStamm_o_v
Plural_o
Poss_o_k_k
Poss_o_k_v
Poss_o_v_k
Poss_o_v_v
Kasus_o_k
Kasus_o_v

Nomen_oe
NStamm_oe_k
NStamm_oe_v

Plural_oe
Poss_oe_k_k
Poss_oe_k_v
Poss_oe_v_k
Poss_oe_v_v
Kasus_oe_k
Kasus_oe_v

VNStamm_a_k Verbalnomenstamm in a-Harmonie, der auf einen Konsonanten endet
VNStamm_a_v
VNStamm_e_k
VNStamm_e_v
VNStamm_e_e
VNStamm_o_k
VNStamm_o_v
VNStamm_oe_k
VNStamm_oe_v

Verb
Verb_a
Verb_e
Verb_o
Verb_oe

Verb_a
VStamm_a_v
VStamm_a_k
Verneinung_a
Partizip_a
Gegenwart_a
Frage_a
Vergangenheit_a
Endung_a_v
Endung_a_k
Kurz_a

Verb_e
VStamm_e_v
VStamm_e_k
Verneinung_e
Partizip_e
Gegenwart_e
Frage_e
Vergangenheit_e
Endung_e_v
Endung_e_k
Kurz_e

Verb_o
VStamm_o_v
VStamm_o_k

Verneinung_o
Partizip_o
Gegenwart_a
Frage_o
Vergangenheit_o
Endung_o_v
Endung_o_k
Frage_a
Vergangenheit_a
Endung_a_v
Endung_a_k
Kurz_a

Verb_oe
VStamm_oe_v
VStamm_oe_k
Verneinung_oe
Partizip_oe
Gegenwart_e
Frage_oe
Vergangenheit_oe
Endung_oe_v
Endung_oe_k
Frage_e
Vergangenheit_e
Endung_e_v
Endung_e_k
Kurz_e

VNStamm_a_k
VStamm_a_k
VStamm_a_v
Verneinung_a
VNEndung_a_k
VNStamm_a_v
VStamm_a_k
VStamm_a_v
Verneinung_a
VNEndung_a_v

VNStamm_e_k
VStamm_e_k
VStamm_e_v
Verneinung_e
VNEndung_e_k

VNStamm_e_e
VStamm_e_k
VStamm_e_v
Verneinung_e
VNEndung_e_v

VNStamm_o_k
VStamm_o_k
VStamm_o_v
Verneinung_o
VNEndung_o_k

VNStamm_o_v
VStamm_o_k
VStamm_o_v
Verneinung_o
VNEndung_o_v

VNStamm_oe_k
VStamm_oe_k
VStamm_oe_v
Verneinung_oe
VNEndung_oe_k

VNStamm_oe_v
VStamm_oe_k
VStamm_oe_v
Verneinung_oe
VNEndung_oe_v

9.3. LFG-Symbole

a. Grammatische Funktion

ADJUNCT	Adjunkt
AMOD	adjektivischer Modifikator
NUMBERMOD	numeralischer Modifikator
OBJ1	Dativobjekt
OBJ2	Akkusativobjekt
POSS	Besitzer
SUBJ	Subjekt
X	unvollständiger Satz
XP	Satzkonstituente

b. Merkmalsnamen und mögliche Werte

Merkmal	Erklärung	Wertebereich
KASS	Kasus	ABL, AKK, DAT, GEN, LOK, NOM
DEF	Definitheit	+ , -
NUM	Numerus	SG, PL
PER	Person	1, 2, 3
POSS_SUFF	Possessivsuffix	+ , -
PRED	Prädikat	(semantische Form)
REF	Referentialität	+ , -

TENSE	Tempus	PAST, PERS
VFORM	Form des Verbs	FIN, NR, CONV-IP

9.4. Turkologische Symbole

Symbol	Bedeutung
... < ___	... stammt aus ___
... > ___	... wird zu ___
*	Rekonstruktion
A	Vokalharmonisch vierfach wechselnder tiefer Suffixvokal
I	Vokalharmonisch vierfach wechselnder hoher Suffixvokal
D, K etc.	Variabler Suffixkonsonant

10. Bibliographie

1) Azmun, Yusuf: Ana Cizgileriyle Turkmence Dilbilgisi, "Ankara Üniversitesi Dil ve Tarih-Cografya Fakültesi Yaylnlarl No.: 323/4, 1983.

2) Baskakova, N. A. / Chamzaeva, B. Caryjarova, B. (Pod. red): Grammatica turkmenskogo jazyka. I. Fonetika; morfologija

3) Benzing, Johannes: "Classification of Turkic Languages" (in Philologiae Turcicae Fundamenta [Bd. I/1]) - Wiesbaden: Harrassowitz, 1959.

4) Benzing, Johannes: "Über die Verbform im Turkmenischen" (Mitteilung der Auslandhochschule an der Universität Berlin) Abt. II (Westasiatische Studio 1939)

5) Bresnan, Joan / Kaplan, Ronald M.: [Bresnan/Kaplan (1982)]: "Lexical Functional Grammar: A Formal System for Grammatical Representation" in Joan Bresnan (ed.): The Mental Representation of Grammatical Relations, Cambridge, Mass. 1982.

6) Clark, Larry "Turkmen Reference Grammar" Wiesbaden: Harrassowitz, 1998 (Turcologica; Bd 34)

7) Erdal, Marcel, 1991, Old Turkic word formation. Vol. I + II. Turcologica, Bd. 7. Wiesbaden.

8) Erguvanli-Taylan, Eser: "The Role of Semantic Features in Turkish Word Order" in Folia Linguistica 21, Den Haag 1987.

9) Erguvanli-Taylan, Eser: The Function of Word Order in Turkish Grammar, UCLA 1979.

10) Fink, Gernot A.: Integration von Spracherkennung und Sprachverstehen (Dissertation zur künstlichen Intelligenz), Sankt Augustin: Infix, 1995.

11) Gabin, Annemarie von: Alttürkische Grammatik, Wiesbaden 1941

12) Gazdar, Gerald / Klein, Ewan / Pullum, Geoffrey / Sag, Ivan: "Generalized Phrase Structure Grammar" Oxford 1985.

13) Guboglo, Michail: "Sprachgesetzgebung und Sprachenpolitik in der UDSSR und Nachfolgestaaten der UDSSR seit 1989" by Bundesinstitut für ostwissenschaftliche und internationale Studien, Köln 1994.

14) Hanser, Oskar: Turkmen Manual, Verlag des Verbandes der wissenschaftlichen Gesellschaft Österreichs, Wien 1977.

15) Hugues, Michel: "Mathematische Einführung in die formale Grammatik" in Romanistische Arbeitshefte 13, herausgegeben von Ineichen, Gustav und Rohrer, Christian: Max Niemeyer Verlag, Tübingen 1975.

16) Johanson, Lars: "Subjektlose Sätze im Türkischen" (in Altaica Osloensia), Norwegian University Press, Oslo 1991, S.193-219.

17) Johanson, Lars: Aspekt im Türkischen. Vorstudien zu einer Beschreibung des türkeitürkischen Aspektsystems (Studia Turcica Upsaliensia, 1). Uppsala 1971.

18) Johanson, Lars: Sprachbau und Inhaltssyntax am Beispiel des Türkischen. In: Orientalia Suecana (Uppsala) 22/1973 (1974), p 82-106.

19) Lewis, G. L.: Turkish Grammar, Oxford.

20) Lüngen Harald, VP-abhängige Konstituenten im Türkischen, deren LFG-Repräsentation und Implementierung (Magisterarbeit), Universität Bielefeld, 1994.

21) Lyons, John: "Einführung in die moderne Linguistik" 2. Aufl. München 1972.

22) Menges, Karl H. : The Turkic languages and peoples: an introduction to Turkic studies / by Karl H. Menges. - Wiesbaden: Harrassowitz, 1968, XIII, 248 S.: (Ural -Altaische Bibliothek; 15).

23) Oflazer, Kemal / Güngördü, Zelal: "A Lexical-Functional Grammar for a Subset of Turkish" in "24-25 Haziran Bogazici Üniversitesi" Istanbol 1993

24) Pollard, Carl/ Sag, Ivan A.: Head-Driven Phrase Structure Grammar, The University of Chicago Press, Ltd., London, 1994.

25) Pollard, Carl/ Sag, Ivan A.: Information-Based Syntax and Semantics. Volume I: Fundamentals, Stanford, 1987 (CSIL Lecture Notes no. 13).

26) Poppe, Nicholas: Introduction to Altaic linguistics / by Nicholas Poppe. - Wiesbaden: Harrassowitz, 1965, XIII, 212 S.: (Ural -Altaische Bibliothek; 14).

27) Rohrer, Christian/ Schwarze, Christian: "Eine Grammatiktheorie für die prozedurale Linguistik: Die lexikalisch-funktionale Grammatik (LFG)" in G. Rickheit/ H. Schnelle (eds.): Sprache Sprachverarbeitung, Opladen 1988.

28) Schönig, Claus, 1987a, Diachronic and areal approach to the Turkic imperative paradigm. - Utrecht Papers on Central Asia. Ed. by M. van Damme and H. Boeschoten. Utrecht Turcological Series No. 2, Utrecht: 1987,205-222.

29) Schönig, Claus, 1993a Relativsatzbautypen in den sogenannten altaischen Sprachen. - Acta Orientalia Hungarica XLVI (2-3), 237-338 (1992/93) [1994]

30) Schönig, Claus 1993b, Finitprädizierte Relativsätze in den sogenannten altaischen Sprachen. - Turk Dilleri Arastirmalari 3. Talat Tekin Armagani. Ankara 1993, 181- 191.

31) Schönig, Claus: "Das Türkeitürkische - eine zentrale Randsprache" (in Journal of Turcology) Vol.1, No.1 Summer 1993 - Wiesbaden.

32) Schönig, Claus, 1997 A new attempt to classify the Turkic languages. - Turkic Languages.

33) Schukat-Talamazzini, E. G.: Automatische Spracherkennung, Vieweg, Wiesbaden, 1995.

34) Schukat-Talamazzini, E. G. / Kuhn, T / Niemann, H.: Das POLYPHON - eine neue Wortuntereinheit zur automatischen Spracherkennung, in Fortschritte der Akustik (Proc. DAGA´93), Frankfurt, 1993, S. 948-951.

35) Schukat-Talamazzini, E. G. / Niemann, H.: Das Isadora-System - ein akustisch-phonetisches Netzwerk zur automatischen Spracherkennung, in Proc. 13. DAGM-Symposium, Springer, Berlin, 1991, S. 251-158.

36) Schukat-Talamazzini, E. G. / Rieck, S. / Kuhn, T.: Handbuch der automatischen Spracherkennung, Uni-Erlangen 1993.

37) Sells, Peter: "Lectures on contemporary syntactic theories" by Center for the Study of Language and Information, University Stanford, 1985

38) Tekin, Talat: "Turk Dillerinde Birincil Uzun Ünlüler" Ankara 1995.

39) Yüce, Nuri: Gerundien im Türkischen. Eine morphologische und syntaktische Untersuchung

11. Anhang 1: Implementierung eines kleinen LFG-Parsers zur Verifikation der Grammatik

Um die Richtigkeit der LFG zu überprüfen, habe ich die Grammatik mit dem folgenden Prolog-Programm übersetzt und einige Beispiele geparst.

Der Parser ist ein einfacher Shift-Reduce-Parser, obwohl normalerweise unter Prolog ein Top-Down-Algorithmus benutzt wird. Da aber die LFG viele Linksrekursionen enthält, bei denen ein Top-Down-Algorithmus in eine unendliche Schleife läuft, mußte hier ein Bottum-Up-Algorithmus gewählt werden.

Die Grammatik wird durch das Prolog-Programm in das Prädikat red übersetzt, das genau einen Reduktionsschritt durchführt. Diese elementaren Reduktionen werden durch das Prädikat reduce iteriert, und im Prädikat shift_reduce wird daraus ein kompletter Shift-Reduce-Parser implementiert.

F-Strukturen werden durch offene Listen von Attribut-Wert-Paaren implementiert. Offene Listen sind Listen, deren Ende nicht durch das übliche Listenende-Symbol '[]', sondern durch eine Variable markiert wird. Durch Instanziierung dieser Variable kann die Liste effizient verlängert werden. Die Attribute und Werte werden durch den ':' - Operator getrennt.

Da diese Listen Mengen repräsentieren, kann die eingebaute Unifikation von Prolog nicht zur Unifikation dieser F-Strukturen benutzt werden. Dafür gibt es das Prädikat menge, welches die Reihenfolge der Listenelemente bei der Unifikation ignoriert.

Der Vergleich von F-Strukturen ist in Prolog nicht ganz leicht zu implementieren, da hier keine Unifikation stattfinden darf. Daher werden im Prädikat equal zuerst alle freien Variablen gebunden und danach die beiden Strukturen 'unifiziert'. Dadurch, daß der Rumpf des Prädikats in ein doppeltes not eingeschlossen ist, werden alle Unifikationen wieder rückgängig gemacht.

Die Übersetzung wird in den Prädikaten trans_lex (für lexikalische Regeln) und trans_rule (für Strukturregeln) implementiert. Für lexikalische Regeln wird nur das Wort an der Spitze des Stacks durch seine lexikalische Kategorie ersetzt und eine F-Struktur entsprechend der angegebenen Regeln auf den Stack geschoben.

Für Strukturregeln werden die Kategorien und F-Strukturen der Bestandteile vom Stack gelesen und durch die Kategorie und F-Struktur der übergeordneten Kategorie ersetzt. Die angegebenen Bedingungen und Unifikationsregeln werden direkt in Prolog übersetzt und in den Rumpf der Red-Klausel eingetragen. Dadurch werden diese Regeln bei jeder Anwendung der Red-Klausel überprüft.

Da in den LFG-Regeln auch Einträge in verschachtelten F-Strukturen unifiziert werden können, gibt es das Prädikat trans_get, das den Zugriff auf Einträge in verschachtelten F-Strukturen in mehrere einfache Unifikationen aufteilt.

Außerdem implementiert trans_get noch die 'Kategorie' constant, in der jedem Attribut als Wert das Attribut selbst zugeordnet wird. Dies ist notwendig, da in der LFG-Grammatik Konstanten nicht direkt angegeben werden können.

Am Ende werden die erzeugten Regeln noch einmal vereinfacht, indem überflüssige Aufrufe des true-Prädikats entfernt werden und die Klammerung der Prädikate nach rechts verschoben wird. Dadurch werden die erzeugten Red-Klauseln leichter lesbar.

Um die erzeugten F-Strukturen besser lesen zu können, gibt es das Prädikat pm, welches die Strukturen über mehrere Zeilen formatiert ausgeben kann. Das Prädikat berechnet zuerst die Längen aller enthaltenen Symbole mit dem Hilfsprädikat längen. Danach wird für jede F-Struktur die maximale Länge der Attributnamen mit Hilfe von max_len berechnet. Das Prädikat pmat gibt die F-Struktur dann entsprechend eingerückt aus.

Der LFG-Parser

```
:- op(1000,xfy,::).
:- op(1000,xfy,=>).
:- op(1002,xfy,with).
:- op(999,xfy,contains).
:- op(550,yfx,:).

:- dynamic red/4.

/* Unifikation von F-Strukturen */

del(F, [F|X], X) :- !.
del(F, [E|X], [E|Y]) :- del(F, X, Y).

merge(X,X) :- !.
merge([A:V1|R1], F2) :- !, nonvar(A),
                del(A:V2, F2, R2),
                merge(V1, V2),
                merge(R1, R2).
merge([V1|R1], F2) :- del(V1, F2, R2),
               merge(R1, R2).

/* Zwei Mengen vergleichen */
remvars(X) :- var(X), !, X = [].
remvars(X) :- atomic(X), !.
remvars([X|Y]) :- remvars(X), remvars(Y).
remvars(X:Y) :- remvars(X), remvars(Y).

equal(X, Y) :- not(not((remvars(X), remvars(Y), merge(X,Y)))).

contains(Y, _) :- var(Y), !, fail.
contains([Y|_], X) :- equal(X, Y), !.
```

```
contains([_|R], X) :- contains(R, X).

/* Shift-Reduce Parser */

reduce(Old_Stack,New_Stack,Old_Mat,New_Mat) :-
   red(Old_Stack,Intermediate_Stack,Old_Mat,Intermediate_Mat),
   reduce(Intermediate_Stack,New_Stack,Intermediate_Mat,New_Mat).
reduce(Stack,Stack,Mat,Mat).

shift_reduce(St,M,[Word|Words],Old_Stack,Matrix) :-
   reduce(Old_Stack,New_Stack,Matrix,New_Matrix),
   shift_reduce(St,M,Words,[Word|New_Stack],New_Matrix).
shift_reduce(St,M,[],Stack,Matrix) :-
   reduce(Stack,[St],Matrix,M).

/* Übersetzungsregeln für die Grammatik */

open_up([],_):- !.
open_up(X,X) :- atomic(X),!.
open_up([A:W|Ps],[A:X|Qs]) :- !, open_up(W,X),open_up(Ps,Qs).
open_up([E1|Ps],[E2|Qs]) :- open_up(E1, E2), open_up(Ps, Qs).

trans_lex((L :: R with M),
        red(OldStack, NewStack, OldMat, NewMat)) :-
   OldStack = [R | T], NewStack = [L | T],
   open_up(M, N), NewMat = [N | OldMat].

trans_rule((L => R with (Conds,Structs)),
         (red(OldStack,NewStack,OldMat,NewMat):-Body1,Body2)) :-
   collect_cats(R,CV,[],Vs,[],Cs),
   append(Cs,W,OldStack),
   NewStack = [L | W],
   append(Vs,Ms,OldMat),
   NewMat=[U|Ms],
```

```
   trans_cond([up:U|CV],Conds,Body1),
   trans_struct([up:U|CV],Structs,Body2).

collect_cats((C,Cs),[C:V|Cvs],Vin,Vout,Cin,Cout) :-
   !, collect_cats(Cs,Cvs,[V|Vin],Vout,[C|Cin],Cout).
collect_cats(C,[C:V],Vin,[V|Vin],Cin,[C|Cin]).

trans_cond(_,[],true) :- !.
trans_cond(CV,[C|Cs],(G,Gs)) :-
   trans_cond1(CV,C,G),trans_cond(CV,Cs,Gs).

trans_cond1(CV, not(C), not(G)) :-
   trans_cond1(CV, C, G).
trans_cond1(CV, P1 contains P2,
         (G1,G2,contains(Var1, Var2))) :-
   trans_get(CV, P1, G1, Var1),
   trans_get(CV, P2, G2, Var2).
trans_cond1(CV, P1 = P2, (G1, G2, equal(Var1, Var2))) :-
   trans_get(CV, P1, G1, Var1),
   trans_get(CV, P2, G2, Var2).

trans_struct(_,[],true).
trans_struct(CV,[C|Cs],(G,Gs)) :-
 trans_struct1(CV,C,G),trans_struct(CV,Cs,Gs).

trans_struct1(CV, P1 contains P2,
          (G1,G2,merge(Var1, [Var2|_]))) :-
   trans_get(CV, P1, G1, Var1),
   trans_get(CV, P2, G2, Var2).
trans_struct1(CV, P1 = P2, (G1, G2, merge(Var1, Var2))) :-
   trans_get(CV, P1, G1, Var1),
   trans_get(CV, P2, G2, Var2).

trans_get(CV, P, true, Var) :-
```

```
   atomic(P), !, member(P:Var, CV).
trans_get(_, constant:Var, true, Var) :- !.
trans_get(CV, P1:P2, (G1, G2), Var) :-
   trans_get(CV, P1, G1, F),
   (atomic(P2) -> G2 = merge([P2:Var |_], F)
            ;  G2 = (G3, G4),
               trans_get(CV, P2, G3, Var1),
               G4 = merge([Var1:Var|_], F)).

/* Grammatik einlesen und Übersetzen */

grammar(File) :-
  retractall(red/4),read_file(File,Rules),trans_grammar(Rules).

read_file(File,Rules) :-
  seeing(Old),see(File),read_rules(Rules),seen,see(Old).

read_rules(Rs) :-
  read(X), check_it(X,Rs).

check_it(end_of_file,[]) :- !.
check_it(R,[R|Rs]) :- read_rules(Rs).

simplify_body(not(A), not(X)) :- !, simplify_body(A, X).
simplify_body(((A, B), C), X) :- !, simplify_body((A, B, C), X).
simplify_body((true, A), X)   :- !, simplify_body(A, X).
simplify_body((A, true), X)   :- !, simplify_body(A, X).
simplify_body((A, B), (X, Y)) :- !, simplify_body(A, X), simplify_body(B, Y).
simplify_body(A, A).

simplify((LHS :- RHS), (LHS :- RHS1)) :- !, simplify_body(RHS, RHS1).
simplify(Rule, Rule).

trans_grammar([]).
```

```
trans_grammar([R|Rs]) :-
  ( R = ( _ :: _ with _ ) -> trans_lex(R,Red) ; trans_rule(R,Red) ),
  simplify(Red, Red1), assertz(Red1),trans_grammar(Rs).
```

```
/* Ausgabefunktion für Matrizen */

laengen(X,[],[]):- var(X), !.
laengen(X, L, X):- atomic(X), !, at_length(X, L).
laengen([A|L], [La|K], [B|M]) :- laengen(A, La, B),
                                 laengen(L, K, M).
laengen(A:V, La:Lv, A:W) :- at_length(A, La),
                            laengen(V, Lv, W).

at_length(A,N) :- name(A,L),length(L,N).

max_len([],(0,[])).
max_len([N:M|L],(X,[N:Z|K])):-
 max_len(L,(La,K)),(La > N -> X=La ; X=N),val_max(M,Z).

val_max(V,V) :- atomic(V),!.
val_max(V,W) :- V = [_:_|_] -> max_len(V,W);
                               W = V.
pm(M) :-
 laengen(M,L,NM),max_len(L,K),pmat(NM,K,[write('| ')]).

pmat([],_,_).
pmat([A:V|L],(Ma,[La:Lv|K]),Pre) :-
 nl,write_suf(Pre),write_at(A,Ma,La),
 write_val(V,Ma,Lv,Pre),pmat(L,(Ma,K),Pre).

write_at(A,Ma,La) :-
```

```
 write(A),tab(Ma-La),write(' : ').

write_val(V,_,_,_) :-
 atomic(V),!,write(V).
write_val(V,Ma,Lv,Pre) :- (V = [_:_|_]) ->
                    pmat(V,Lv,[write('| '),tab(Ma+3)|Pre]);
                    write(V).

write_suf(L):- reverse(L,M),writeall(M).

writeall([]).
writeall([H|T]) :- call(H),writeall(T).
```

Die Grammatik

```
/* Diese Grammatik ist eine direkte Übersetzung der LFG aus
Kapitel 7 in die vom Parser verwendete Notation. Außerdem ist
ein kleines Lexikon eingefügt worden, um einige Beispielsätze
parsen zu können. */


/* Lexikalische Regeln */

adv :: schun
  with [pred:schun].

pro :: men
  with [num:sg, pers:1, kas:nom, pred:men].

pro :: mening
```

```
  with [num:sg, pers:1, kas:gen, pred:men].

fragepro :: kim
  with [num:sg, pers:3, kas:nom, pred:kim].

dem :: bi
  with [typ:def].

zahl :: iki
  with [wert:2].

adj :: guezel
  with [pred:guezel].

det :: bir
  with [num:sg, typ:indef].

p :: bilen
  with [pred:'bilen(up:obj)', objkas:nom].

n :: galam
  with [kas:nom, num:sg, pred:galam].

n :: galami
  with [kas:nom, num:sg, pred:galam, poss_suff:yes].

n :: galami
  with [kas:akk, num:sg, pred:galam].
n :: milading
  with [kas:gen, num:sg, typ:def, pred:milad].
n :: milad
  with [kas:nom, num:sg, typ:def, pred:milad].
n :: miladi
  with [kas:akk, num:sg, typ:def, pred:milad].
```

```
n :: milada
  with [kas:dat, num:sg, typ:def, pred:milad].
n :: bielefeldae
  with [kas:loc, num:sg, typ:def, pred:bielefeld].
n :: aschgabada
  with [kas:loc, num:sg, typ:def, pred:aschgabad].

v :: berdim
  with [vform:fin, tense:past, subcat:[subj,obj1,obj2],
       pers:1, num:sg, pred:'bermek(up:subj,up:obj1,up:obj2)'].
v :: goerding
  with [vform:fin, tense:past, subcat:[subj,obj2],
       pers:2, num:sg, pred:'goermek(up:subj,up:obj1)'].
v :: goerdi
  with [vform:fin, tense:past, subcat:[subj,obj2],
       pers:3, num:sg, pred:'goermek(up:subj,up:obj2)'].
v :: goerdimi
  with [vform:fin, tense:past, subcat:[subj,obj2],
       pers:3, num:sg, pred:'goermek(up:subj,up:obj2)', frage:yes].
v :: alanimi
  with [vform:nr, tense:past, subcat:[subj,obj2], kas:akk,
       poss_suff:yes, pred:'almak(up:subj,up:obj2)'].
v :: alan
  with [vform:nr, tense:past, subcat:[subj,obj2],
       pred:'almak(up:subj, up:obj2)'].
v :: oturyor
  with [vform:fin, tense:pres, subcat:[subj], pred:'oturmok(up:subj)'].
v :: gitdim
  with [vform:fin, tense:past, subcat:[subj], pers:1, num:sg,
       pred:'gitmek(up:subj)'].


/* Strukturregeln */
```

```
np => pro
  with [],
      [up=pro].

/* Die Regel 'det1 -> det | epsilon' aus der LFG konnte hier
nicht direkt übernommen werden, weil dadurch eine Endlosschleife
im Parser auftritt. Daher wurde das det1 hier in die Regel für
NPs eingesetzt. Die Semantik der Grammatik ändert sich dadurch
aber nicht. */

n1 => det, n
  with [],
      [up=det, up=n, up:pers=constant:3].

n1 => n
  with [],
      [up=n, up:typ=constant:def, up:pers=constant:3].

n1 => n
  with [],
      [up=n, up:pers=constant:3, up:typ=constant:nref].

n2 => n1
  with [],
      [up=n1].

n2 => adj, n2
  with [],
      [up=n2, up:amods contains adj].


n3 => n2
  with [],
      [up=n2].
```

```
n3 => zahl, n2
  with [],
      [up=n2, up:numbermod=zahl, up:num=constant:sg].



n4 => n3
  with [],
      [up=n3].

n4 => dem, n3
  with [],
      [up=n3, up=dem].

n5 => n4
  with [not(n4:poss_suff=constant:yes)],
      [up=n4].

n5 => np, n4
  with [n4:poss_suff=constant:yes],
      [up=n4, up:poss=np, up:poss:kas=constant:gen].

np => n5
  with [],
      [up=n5].

s => x
  with [],
      [up=x:info].

x => v
  with [],
      [up:info=v, up:needed=v:subcat, up:info:subj:pers=v:pers,
       up:info:subj:num=v:num].
```

```
x => xp, x
  with [not(x:given contains xp:cat), x:needed contains xp:cat],
      [up:given contains xp:cat,
       up:info = x:info,
       up:given = x:given,
       up:needed = x:needed,
       up:info:(xp:cat) = xp].

x => adjunct, x
  with [],
      [up = x, up:info:adjuncts contains adjunct].

xp => np
  with [np:kas = constant:nom],
      [up = np, up:cat = constant:subj].
xp => np
  with [np:kas = constant:dat],
      [up = np, up:cat = constant:obj1].
xp => np
  with [np:kas = constant:akk],
      [up = np, up:cat = constant:obj2].

xp => vnp
  with [vnp:kas = constant:nom],
      [up = vnp, up:cat = constant:subj].
xp => vnp
  with [vnp:kas = constant:dat],
      [up = vnp, up:cat = constant:obj1].
xp => vnp
  with [vnp:kas = constant:akk],
      [up = vnp, up:cat = constant:obj2].

vnp => x
```

```
   with [not(x:given contains constant:subj),
        x:info:vform = constant:nr,
        x:info:poss_suff = constant:yes],
       [up = x:info].

vnp => np, x
   with [not(x:given contains constant:subj),
        x:info:vform = constant:nr,
        x:info:poss_suff = constant:yes,
        np:kas = constant:gen],
       [up = x:info,
        up:subj = np].

np => x, np
   with [not(x:given contains constant:subj),
        x:info:vform = constant:nr],
       [up:rel = x:info,
/*        up:rel:subj = np,
   Diese Unifikation führt zu einem richtigen, aber leider
   rekursiven Ergebnis, das von Prolog nicht dargestellt werden
   kann. Deshalb habe ich es auskommentiert.  */
        up = np].

np => rel, np
   with [np:poss_suff = constant:yes],
       [up:rel = rel,
        up = np].

rel => x
   with [not(x:given contains constant:subj),
        x:info:vform = constant:nr],
       [up = x:info].

rel => np, x
```

```
  with [not(x:given contains constant:subj),
       x:info:vform = constant:nr,
       np:kas = constant:gen],
      [up = x:info,
       up:subj = np].

np => fragepro
  with [],
      [up = fragepro, up:frage = constant:yes].

adjunct => adv
  with [],
      [up = adv].

adjunct => np
  with [np:kas = constant:loc],
      [up = np].

adjunct => pp
  with [],
      [up = pp].

adjunct => x
  with [not(x:given contains constant:subj),
       x:info:vform = constant:conv_ip],
      [up = x].

pp => np, p
  with [np:kas = p:objkas],
      [up:obj = np,
       up = p].
```

Beispiele

/* Ein einfacher Satz mit Subjekt, zwei Objekten und Verb. Das erste Objekt steht im Dativ, das zweite im Akkusativ. Es gibt zwei mögliche Interpretationen für 'galami': definit und nicht-referentiell. */

```
yes
| ?- {consulting /tmp/spa12435...}
{/tmp/spa12435 consulted, 220 msec -14528 bytes}

yes
| ?- grammar('grammatik.pl').

yes
| ?- shift_reduce(s, [M], [men,milada,galami,berdim],[],[]), pm(M).

| vform  : fin
| tense  : past
| subcat : [subj,obj1,obj2]
| pers   : 1
| num    : sg
| pred   : bermek(up:subj,up:obj1,up:obj2)
| subj   :
|         | pers : 1
|         | num  : sg
|         | kas  : nom
|         | pred : men
|         | cat  : subj
| obj2   :
|         | kas  : akk
|         | num  : sg
|         | pred : galam
```

```
|         | typ  : def
|         | pers : 3
|         | cat  : obj2
| obj1   :
|         | kas  : dat
|         | num  : sg
|         | typ  : def
|         | pred : milad
|         | pers : 3
|         | cat  : obj1
```

M = [vform:fin,tense:past,subcat:[subj,obj1,obj2|_D],pers:1,num:sg,pred:'
ber-
mek(up:subj,up:obj1,up:obj2)',subj:[pers:1,num:sg,kas:nom,pred:men,cat:sub
j|_A],
obj2:[kas:akk,num:sg,pred:galam,typ:def,pers:3,cat:obj2|_C],obj1:[kas:dat,nu
m:sg,typ:def,
pred:milad,pers:3,cat:obj1|_B]|_E] ? ;

```
| vform  : fin
| tense  : past
| subcat : [subj,obj1,obj2]
| pers   : 1
| num    : sg
| pred   : bermek(up:subj,up:obj1,up:obj2)
| subj   :
|         | pers : 1
|         | num  : sg
|         | kas  : nom
|         | pred : men
|         | cat  : subj
| obj2   :
|         | kas  : akk
|         | num  : sg
```

```
|        | pred : galam
|        | pers : 3
|        | typ  : nref
|        | cat  : obj2
| obj1   :
|        | kas  : dat
|        | num  : sg
|        | typ  : def
|        | pred : milad
|        | pers : 3
|        | cat  : obj1
M                                                                    =
[vform:fin,tense:past,subcat:[subj,obj1,obj2|_D],pers:1,num:sg,pred:'bermek(
up:subj,up:obj1,up:obj2)',subj:[pers:1,num:sg,kas:nom,pred:men,cat:subj|_A],
obj2:[kas:akk,num:sg,pred:galam,pers:3,typ:nref,cat:obj2|_C],obj1:[kas:dat,n
um:sg,typ:def,pred:milad,pers:3,cat:obj1|_B]|_E] ?

/* Das Ändern der Reihenfolge der Satzkomponenten liefert
  wieder das gleiche Ergebnis wie oben. */

yes
| ?- shift_reduce(s, [M], [men,galami,milada,berdim],[],[]), pm(M).

| vform  : fin
| tense  : past
| subcat : [subj,obj1,obj2]
| pers   : 1
| num    : sg
| pred   : bermek(up:subj,up:obj1,up:obj2)
| subj   :
|        | pers : 1
|        | num  : sg
|        | kas  : nom
|        | pred : men
```

```
|         | cat  : subj
| obj1   :
|         | kas  : dat
|         | num  : sg
|         | typ  : def
|         | pred : milad
|         | pers : 3
|         | cat  : obj1
| obj2   :
|         | kas  : akk
|         | num  : sg
|         | pred : galam
|         | typ  : def
|         | pers : 3
|         | cat  : obj2
M                                                              =
[vform:fin,tense:past,subcat:[subj,obj1,obj2|_D],pers:1,num:sg,pred:'bermek(
up:subj,up:obj1,up:obj2)',subj:[pers:1,num:sg,kas:nom,pred:men,cat:subj|_A],
obj1:[kas:dat,num:sg,typ:def,pred:milad,pers:3,cat:obj1|_C],obj2:[kas:akk,nu
m:sg,pred:galam,typ:def,pers:3,cat:obj2|_B]|_E] ? ;

| vform  : fin
| tense  : past
| subcat : [subj,obj1,obj2]
| pers   : 1
| num    : sg
| pred   : bermek(up:subj,up:obj1,up:obj2)
| subj   :
|         | pers : 1
|         | num  : sg
|         | kas  : nom
|         | pred : men
|         | cat  : subj
| obj1   :
```

```
|        | kas  : dat
|        | num  : sg
|        | typ  : def
|        | pred : milad
|        | pers : 3
|        | cat  : obj1
| obj2   :
|        | kas  : akk
|        | num  : sg
|        | pred : galam
|        | pers : 3
|        | typ  : nref
|        | cat  : obj2
M                                                                      =
[vform:fin,tense:past,subcat:[subj,obj1,obj2|_D],pers:1,num:sg,pred:'bermek(
up:subj,up:obj1,up:obj2)',subj:[pers:1,num:sg,kas:nom,pred:men,cat:subj|_A],
obj1:[kas:dat,num:sg,typ:def,pred:milad,pers:3,cat:obj1|_C],obj2:[kas:akk,nu
m:sg,pred:galam,pers:3,typ:nref,cat:obj2|_B]|_E] ? ;

no
| ?- shift_reduce(s, [M], [milada,men,galami,berdim],[],[]), pm(M).

| vform  : fin
| tense  : past
| subcat : [subj,obj1,obj2]
| pers   : 1
| num    : sg
| pred   : bermek(up:subj,up:obj1,up:obj2)
| subj   :
|        | pers : 1
|        | num  : sg
|        | kas  : nom
|        | pred : men
|        | cat  : subj
```

```
| obj2   :
|           | kas  : akk
|           | num  : sg
|           | pred : galam
|           | typ  : def
|           | pers : 3
|           | cat  : obj2
| obj1   :
|           | kas  : dat
|           | num  : sg
|           | typ  : def
|           | pred : milad
|           | pers : 3
|           | cat  : obj1
M                                                                              =
[vform:fin,tense:past,subcat:[subj,obj1,obj2|_D],pers:1,num:sg,pred:'bermek(
up:subj,up:obj1,up:obj2)',subj:[pers:1,num:sg,kas:nom,pred:men,cat:subj|_B],
obj2:[kas:akk,num:sg,pred:galam,typ:def,pers:3,cat:obj2|_C],obj1:[kas:dat,nu
m:sg,typ:def,pred:milad,pers:3,cat:obj1|_A]|_E] ? ;

| vform  : fin
| tense  : past
| subcat : [subj,obj1,obj2]
| pers   : 1
| num    : sg
| pred   : bermek(up:subj,up:obj1,up:obj2)
| subj   :
|           | pers : 1
|           | num  : sg
|           | kas  : nom
|           | pred : men
|           | cat  : subj
| obj2   :
|           | kas  : akk
```

```
|         | num  : sg
|         | pred : galam
|         | pers : 3
|         | typ  : nref
|         | cat  : obj2
| obj1   :
|         | kas  : dat
|         | num  : sg
|         | typ  : def
|         | pred : milad
|         | pers : 3
|         | cat  : obj1
M                                                                    =
[vform:fin,tense:past,subcat:[subj,obj1,obj2|_D],pers:1,num:sg,pred:'bermek(
up:subj,up:obj1,up:obj2)',subj:[pers:1,num:sg,kas:nom,pred:men,cat:subj|_B],
obj2:[kas:akk,num:sg,pred:galam,pers:3,typ:nref,cat:obj2|_C],obj1:[kas:dat,n
um:sg,typ:def,pred:milad,pers:3,cat:obj1|_A]|_E] ? ;

no
| ?- shift_reduce(s, [M], [milada,galami,men,berdim],[],[]), pm(M).

| vform  : fin
| tense  : past
| subcat : [subj,obj1,obj2]
| pers   : 1
| num    : sg
| pred   : bermek(up:subj,up:obj1,up:obj2)
| subj   :
|         | pers : 1
|         | num  : sg
|         | kas  : nom
|         | pred : men
|         | cat  : subj
| obj2   :
```

```
|         | kas  : akk
|         | num  : sg
|         | pred : galam
|         | typ  : def
|         | pers : 3
|         | cat  : obj2
| obj1   :
|         | kas  : dat
|         | num  : sg
|         | typ  : def
|         | pred : milad
|         | pers : 3
|         | cat  : obj1
M                                                                    =
[vform:fin,tense:past,subcat:[subj,obj1,obj2|_D],pers:1,num:sg,pred:'bermek(
up:subj,up:obj1,up:obj2)',subj:[pers:1,num:sg,kas:nom,pred:men,cat:subj|_C],
obj2:[kas:akk,num:sg,pred:galam,typ:def,pers:3,cat:obj2|_B],obj1:[kas:dat,nu
m:sg,typ:def,pred:milad,pers:3,cat:obj1|_A]|_E] ? ;

| vform  : fin
| tense  : past
| subcat : [subj,obj1,obj2]
| pers   : 1
| num    : sg
| pred   : bermek(up:subj,up:obj1,up:obj2)
| subj   :
|         | pers : 1
|         | num  : sg
|         | kas  : nom
|         | pred : men
|         | cat  : subj
| obj2   :
|         | kas  : akk
|         | num  : sg
```

```
|         | pred : galam
|         | pers : 3
|         | typ  : nref
|         | cat  : obj2
| obj1   :
|         | kas  : dat
|         | num  : sg
|         | typ  : def
|         | pred : milad
|         | pers : 3
|         | cat  : obj1
M                                                                          =
[vform:fin,tense:past,subcat:[subj,obj1,obj2|_D],pers:1,num:sg,pred:'bermek(
up:subj,up:obj1,up:obj2)',subj:[pers:1,num:sg,kas:nom,pred:men,cat:subj|_C],
obj2:[kas:akk,num:sg,pred:galam,pers:3,typ:nref,cat:obj2|_B],obj1:[kas:dat,nu
m:sg,typ:def,pred:milad,pers:3,cat:obj1|_A]|_E] ? ;

no
| ?- shift_reduce(s, [M], [galami,milada,men,berdim],[],[]), pm(M).

| vform  : fin
| tense  : past
| subcat : [subj,obj1,obj2]
| pers   : 1
| num    : sg
| pred   : bermek(up:subj,up:obj1,up:obj2)
| subj   :
|         | pers : 1
|         | num  : sg
|         | kas  : nom
|         | pred : men
|         | cat  : subj
| obj1   :
|         | kas  : dat
```

```
|        | num  : sg
|        | typ  : def
|        | pred : milad
|        | pers : 3
|        | cat  : obj1
| obj2   :
|        | kas  : akk
|        | num  : sg
|        | pred : galam
|        | typ  : def
|        | pers : 3
|        | cat  : obj2
M =
[vform:fin,tense:past,subcat:[subj,obj1,obj2|_D],pers:1,num:sg,pred:'bermek(
up:subj,up:obj1,up:obj2)',subj:[pers:1,num:sg,kas:nom,pred:men,cat:subj|_C],
obj1:[kas:dat,num:sg,typ:def,pred:milad,pers:3,cat:obj1|_B],obj2:[kas:akk,nu
m:sg,pred:galam,typ:def,pers:3,cat:obj2|_A]|_E] ? ;

| vform  : fin
| tense  : past
| subcat : [subj,obj1,obj2]
| pers   : 1
| num    : sg
| pred   : bermek(up:subj,up:obj1,up:obj2)
| subj   :
|        | pers : 1
|        | num  : sg
|        | kas  : nom
|        | pred : men
|        | cat  : subj
| obj1   :
|        | kas  : dat
|        | num  : sg
|        | typ  : def
```

```
|         | pred : milad
|         | pers : 3
|         | cat  : obj1
| obj2  :
|         | kas  : akk
|         | num  : sg
|         | pred : galam
|         | pers : 3
|         | typ  : nref
|         | cat  : obj2
M                                                                          =
[vform:fin,tense:past,subcat:[subj,obj1,obj2|_D],pers:1,num:sg,pred:'bermek(
up:subj,up:obj1,up:obj2)',subj:[pers:1,num:sg,kas:nom,pred:men,cat:subj|_C],
obj1:[kas:dat,num:sg,typ:def,pred:milad,pers:3,cat:obj1|_B],obj2:[kas:akk,nu
m:sg,pred:galam,pers:3,typ:nref,cat:obj2|_A]|_E] ? ;


/* Dieser Satz ist ungrammatisch, weil das Verb nicht am Ende
   steht. */

| ?- shift_reduce(s, [M], [milada,galami,berdim,men], [],[]),pm(M).
no


/* Ein einfacher Satz mit Subjekt, Adjukt im Lokativ und Verb */

| ?- shift_reduce(s,  [M],[milad,bielefeldae,oturyor],[],[]),pm(M).

| vform    : fin
| tense    : pres
| subcat   : [subj]
| pred     : oturmok(up:subj)
| subj     :
|           | pers : 3
```

```
|           | num  : sg
|           | kas  : nom
|           | typ  : def
|           | pred : milad
|           | cat  : subj
| pers     : 3
| num      : sg
| adjuncts : [[kas:loc,num:sg,typ:def,pred:bielefeld,pers:3]]
M                                                                          =
[vform:fin,tense:pres,subcat:[subj|_C],pred:'oturmok(up:subj)',subj:[pers:3,nu
m:sg,kas:nom,typ:def,pred:milad,cat:subj|_A],pers:3,num:sg,adjuncts:[[kas:lo
c,num:sg,typ:def,pred:bielefeld,pers:3|_B]|_D]|_E] ? ;
```

/* Eine Nominalphrase, die einen Relativsatz enthält. */

```
no
| ?-shift_reduce(np, [M], [galami,alan,milad], [], []), pm(M). shift_reduce(np,
[M], [galami,alan,milad], [], []), pm(M).

| rel  :
|        | vform  : nr
|        | tense  : past
|        | subcat : [subj,obj2]
|        | pred   : almak(up:subj, up:obj2)
|        | subj   :
|        |          | pers : []
|        |          | num  : []
|        | pers   : []
|        | num    : []
|        | obj2   :
|        |          | kas  : akk
|        |          | num  : sg
|        |          | pred : galam
```

```
|      |         | typ  : def
|      |         | pers : 3
|      |         | cat  : obj2
| kas  : nom
| num  : sg
| typ  : def
| pred : milad
| pers : 3
M      =      [rel:[vform:nr,tense:past,subcat:[subj,obj2|_B],pred:'almak(up:subj,
up:obj2)',subj:[pers:_D,num:_C|_E],pers:_D,num:_C,obj2:[kas:akk,num:sg,pr
ed:galam,typ:def,pers:3,cat:obj2|_A]|_F],kas:nom,num:sg,typ:def,pred:milad,
pers:3|_G] ?
yes
```

```
/* Ein Satz mit eingebautem Relativsatz. Das Subjekt ist
'milad', dazu kommt noch ein Adjunkt und das Verb. */

| ?- shift_reduce(s,[M],[galami,alan,milad,bielefeldae,oturyor],[],[]),pm(M).

| vform    : fin
| tense    : pres
| subcat   : [subj]
| pred     : oturmok(up:subj)
| subj     :
|          | pers : 3
|          | num  : sg
|          | rel  :
|          |      | vform  : nr
|          |      | tense  : past
|          |      | subcat : [subj,obj2]
|          |      | pred   : almak(up:subj, up:obj2)
|          |      | subj   :
|          |      |        | pers : []
```

```
|          |       |          | num  : []
|          |       | pers   : []
|          |       | num    : []
|          |       | obj2   :
|          |       |          | kas  : akk
|          |       |          | num  : sg
|          |       |          | pred : galam
|          |       |          | typ  : def
|          |       |          | pers : 3
|          |       |          | cat  : obj2
|          | kas  : nom
|          | typ  : def
|          | pred : milad
|          | cat  : subj
| pers     : 3
| num      : sg
| adjuncts : [[kas:loc,num:sg,typ:def,pred:bielefeld,pers:3]]
M                                                                =
[vform:fin,tense:pres,subcat:[subj|_I],pred:'oturmok(up:subj)',subj:[pers:3,num
:sg,rel:[vform:nr,tense:past,subcat:[subj,obj2|_B],pred:'almak(up:subj,
up:obj2)',subj:[pers:_D,num:_C|_E],pers:_D,num:_C,obj2:[kas:akk,num:sg,pr
ed:galam,typ:def,pers:3,cat:obj2|_A]|_F],kas:nom,typ:def,pred:milad,cat:subj|
_G],pers:3,num:sg,adjuncts:[[kas:loc,num:sg,typ:def,pred:bielefeld,pers:3|_H]
|_J]|_K] ? ;

| vform    : fin
| tense    : pres
| subcat   : [subj]
| pred     : oturmok(up:subj)
| subj     :
|          | pers : 3
|          | num  : sg
|          | rel  :
|          |       | vform  : nr
```

```
|           |        | tense  : past
|           |        | subcat : [subj,obj2]
|           |        | pred   : almak(up:subj, up:obj2)
|           |        | subj   :
|           |        |          | pers : []
|           |        |          | num  : []
|           |        | pers   : []
|           |        | num    : []
|           |        | obj2   :
|           |        |          | kas  : akk
|           |        |          | num  : sg
|           |        |          | pred : galam
|           |        |          | pers : 3
|           |        |          | typ  : nref
|           |        |          | cat  : obj2
|           | kas  : nom
|           | typ  : def
|           | pred : milad
|           | cat  : subj
| pers     : 3
| num      : sg
| adjuncts : [[kas:loc,num:sg,typ:def,pred:bielefeld,pers:3]]
M                                                                        =
[vform:fin,tense:pres,subcat:[subj|_I],pred:'oturmok(up:subj)',subj:[pers:3,num
:sg,rel:[vform:nr,tense:past,subcat:[subj,obj2|_B],pred:'almak(up:subj,
up:obj2)',subj:[pers:_D,num:_C|_E],pers:_D,num:_C,obj2:[kas:akk,num:sg,pr
ed:galam,pers:3,typ:nref,cat:obj2|_A]|_F],kas:nom,typ:def,pred:milad,cat:subj|
_G],pers:3,num:sg,adjuncts:[[kas:loc,num:sg,typ:def,pred:bielefeld,pers:3|_H]
|_J]|_K] ? ;

no
| ?- shift_reduce(s,  [M],[galami,alan,miladi,goerdi],[],[]),pm(M).

| vform  : fin
```

```
| tense  : past
| subcat : [subj,obj2]
| pers   : 3
| num    : sg
| pred   : goermek(up:subj,up:obj2)
| subj   :
|        | pers : 3
|        | num  : sg
| obj2   :
|        | rel  :
|        |      | vform  : nr
|        |      | tense  : past
|        |      | subcat : [subj,obj2]
|        |      | pred   : almak(up:subj, up:obj2)
|        |      | subj   :
|        |      |        | pers : []
|        |      |        | num  : []
|        |      | pers   : []
|        |      | num    : []
|        |      | obj2   :
|        |      |        | kas  : akk
|        |      |        | num  : sg
|        |      |        | pred : galam
|        |      |        | typ  : def
|        |      |        | pers : 3
|        |      |        | cat  : obj2
|        | kas  : akk
|        | num  : sg
|        | typ  : def
|        | pred : milad
|        | pers : 3
|        | cat  : obj2
M                                                                  =
[vform:fin,tense:past,subcat:[subj,obj2|_H],pers:3,num:sg,pred:'goermek(up:s
```

ubj,up:obj2)',subj:[pers:3,num:sg|_I],obj2:[rel:[vform:nr,tense:past,subcat:[sub j,obj2|_B],pred:'almak(up:subj, up:obj2)',subj:[pers:_D,num:_C|_E],pers:_D,num:_C,obj2:[kas:akk,num:sg,pr ed:galam,typ:def,pers:3,cat:obj2|_A]|_F],kas:akk,num:sg,typ:def,pred:milad,p ers:3,cat:obj2|_G]|_J] ? ;

```
| vform  : fin
| tense  : past
| subcat : [subj,obj2]
| pers   : 3
| num    : sg
| pred   : goermek(up:subj,up:obj2)
| subj   :
|        | pers : 3
|        | num  : sg
| obj2   :
|        | rel  :
|        |       | vform  : nr
|        |       | tense  : past
|        |       | subcat : [subj,obj2]
|        |       | pred   : almak(up:subj, up:obj2)
|        |       | subj   :
|        |       |        | pers : []
|        |       |        | num  : []
|        |       | pers   : []
|        |       | num    : []
|        |       | obj2   :
|        |       |        | kas  : akk
|        |       |        | num  : sg
|        |       |        | pred : galam
|        |       |        | pers : 3
|        |       |        | typ  : nref
|        |       |        | cat  : obj2
|        | kas  : akk
```

```
|        | num  : sg
|        | typ  : def
|        | pred : milad
|        | pers : 3
|        | cat  : obj2
M                                                                      =
[vform:fin,tense:past,subcat:[subj,obj2|_H],pers:3,num:sg,pred:'goermek(up:s
ubj,up:obj2)',subj:[pers:3,num:sg|_I],obj2:[rel:[vform:nr,tense:past,subcat:[sub
j,obj2|_B],pred:'almak(up:subj,
up:obj2)',subj:[pers:_D,num:_C|_E],pers:_D,num:_C,obj2:[kas:akk,num:sg,pr
ed:galam,pers:3,typ:nref,cat:obj2|_A]|_F],kas:akk,num:sg,typ:def,pred:milad,
pers:3,cat:obj2|_G]|_J] ? ;


/* Ein Objektsatz bildet das Akkusativ-Objekt des Satzes. Das
Subjekt des Objektsatzes steht im Genitiv. */


no
| ?- shift_reduce(s,[M],[mening,galami,alanimi,goerding],[],[]),pm(M).

| vform  : fin
| tense  : past
| subcat : [subj,obj2]
| pers   : 2
| num    : sg
| pred   : goermek(up:subj,up:obj1)
| subj   :
|        | pers : 2
|        | num  : sg
| obj2   :
|        | vform    : nr
|        | tense    : past
|        | subcat   : [subj,obj2]
```

```
|         | kas       : akk
|         | poss_suff : yes
|         | pred      : almak(up:subj,up:obj2)
|         | subj      :
|         |           | pers : 1
|         |           | num  : sg
|         |           | kas  : gen
|         |           | pred : men
|         | pers      : 1
|         | num       : sg
|         | obj2      :
|         |           | kas  : akk
|         |           | num  : sg
|         |           | pred : galam
|         |           | typ  : def
|         |           | pers : 3
|         |           | cat  : obj2
|         | cat       : obj2
```

M = [vform:fin,tense:past,subcat:[subj,obj2|_E],pers:2,num:sg,pred:'goermek(up:subj,up:obj1)',subj:[pers:2,num:sg|_F],obj2:[vform:nr,tense:past,subcat:[subj,obj2|_C],kas:akk,poss_suff:yes,pred:'almak(up:subj,up:obj2)',subj:[pers:1,num:sg,kas:gen,pred:men|_A],pers:1,num:sg,obj2:[kas:akk,num:sg,pred:galam,typ:def,pers:3,cat:obj2|_B],cat:obj2|_D]|_G] ? ;

```
| vform  : fin
| tense  : past
| subcat : [subj,obj2]
| pers   : 2
| num    : sg
| pred   : goermek(up:subj,up:obj1)
| subj   :
|        | pers : 2
|        | num  : sg
```

```
| obj2  :
|        | vform     : nr
|        | tense     : past
|        | subcat    : [subj,obj2]
|        | kas       : akk
|        | poss_suff : yes
|        | pred      : almak(up:subj,up:obj2)
|        | subj      :
|        |             | pers : 1
|        |             | num  : sg
|        |             | kas  : gen
|        |             | pred : men
|        | pers      : 1
|        | num       : sg
|        | obj2      :
|        |             | kas  : akk
|        |             | num  : sg
|        |             | pred : galam
|        |             | pers : 3
|        |             | typ  : nref
|        |             | cat  : obj2
|        | cat       : obj2
M                                                                          =
[vform:fin,tense:past,subcat:[subj,obj2|_E],pers:2,num:sg,pred:'goermek(up:s
ubj,up:obj1)',subj:[pers:2,num:sg|_F],obj2:[vform:nr,tense:past,subcat:[subj,o
bj2|_C],kas:akk,poss_suff:yes,pred:'almak(up:subj,up:obj2)',subj:[pers:1,num:
sg,kas:gen,pred:men|_A],pers:1,num:sg,obj2:[kas:akk,num:sg,pred:galam,pe
rs:3,typ:nref,cat:obj2|_B],cat:obj2|_D]|_G] ? ;


/* Ein Satz mit Objekt und Verb. Das Objekt hat einen
   Relativsatz, in dem es nicht das Subjekt ist. Das Subjekt
   des Relativsatzes ist milading (im Genitiv). */
```

```
yes
| ?- shift_reduce(s, [M],[milading,alan,galamini,goerding],[],[]),pm(M).

| vform  : fin
| tense  : past
| subcat : [subj,obj2]
| pers   : 2
| num    : sg
| pred   : goermek(up:subj,up:obj1)
| subj   :
|        | pers : 2
|        | num  : sg
| obj2   :
|        | rel       :
|        |           | vform  : nr
|        |           | tense  : past
|        |           | subcat : [subj,obj2]
|        |           | pred   : almak(up:subj, up:obj2)
|        |           | subj   :
|        |           |        | pers : 3
|        |           |        | num  : sg
|        |           |        | kas  : gen
|        |           |        | typ  : def
|        |           |        | pred : milad
|        |           | pers   : 3
|        |           | num    : sg
|        | kas       : akk
|        | num       : sg
|        | pred      : galam
|        | poss_suff : yes
|        | typ       : def
|        | pers      : 3
|        | cat       : obj2
```

```
M =
[vform:fin,tense:past,subcat:[subj,obj2|_E],pers:2,num:sg,pred:'goermek(up:subj,up:obj1)',subj:[pers:2,num:sg|_F],obj2:[rel:[vform:nr,tense:past,subcat:[subj,obj2|_B],pred:'almak(up:subj,
up:obj2)',subj:[pers:3,num:sg,kas:gen,typ:def,pred:milad|_A],pers:3,num:sg|_C],kas:akk,num:sg,pred:galam,poss_suff:yes,typ:def,pers:3,cat:obj2|_D]|_G]
? ;

| vform  : fin
| tense  : past
| subcat : [subj,obj2]
| pers   : 2
| num    : sg
| pred   : goermek(up:subj,up:obj1)
| subj   :
|        | pers : 2
|        | num  : sg
| obj2   :
|        | rel      :
|        |          | vform  : nr
|        |          | tense  : past
|        |          | subcat : [subj,obj2]
|        |          | pred   : almak(up:subj, up:obj2)
|        |          | subj   :
|        |          |        | pers : 3
|        |          |        | num  : sg
|        |          |        | kas  : gen
|        |          |        | typ  : def
|        |          |        | pred : milad
|        |          | pers   : 3
|        |          | num    : sg
|        | kas      : akk
|        | num      : sg
|        | pred     : galam
```

```
|        | poss_suff : yes
|        | pers      : 3
|        | typ       : nref
|        | cat       : obj2
M                                                                      =
[vform:fin,tense:past,subcat:[subj,obj2|_E],pers:2,num:sg,pred:'goermek(up:s
ubj,up:obj1)',subj:[pers:2,num:sg|_F],obj2:[rel:[vform:nr,tense:past,subcat:[su
bj,obj2|_B],pred:'almak(up:subj,
up:obj2)',subj:[pers:3,num:sg,kas:gen,typ:def,pred:milad|_A],pers:3,num:sg|_
C],kas:akk,num:sg,pred:galam,poss_suff:yes,pers:3,typ:nref,cat:obj2|_D]|_G]
? ;

no
| ?-
```

```
/* Der gleiche Satz als Frage. Der Parser findet zwei
   syntaktisch unterschiedliche Strukturen, einmal ist mening
   galami das Subjekt des Hauptsatzes und einmal ist es Teil des
   Objektsatzes. Wegen der zwei Möglichkeiten für definites und
   nichtreferentielles galam gibt es insgesamt vier Ausgaben. */


| ?- shift_reduce(s,[M],[mening,galami,alanimi,goerdimi],[],[]),pm(M).

| vform  : fin
| tense  : past
| subcat : [subj,obj2]
| pers   : 3
| num    : sg
| pred   : goermek(up:subj,up:obj2)
| frage  : yes
| subj   :
|        | pers      : 3
```

```
|         | num       : sg
|         | kas       : nom
|         | pred      : galam
|         | poss_suff : yes
|         | typ       : def
|         | poss      :
|         |           | num  : sg
|         |           | pers : 1
|         |           | kas  : gen
|         |           | pred : men
|         | cat       : subj
| obj2  :
|         | vform     : nr
|         | tense     : past
|         | subcat    : [subj,obj2]
|         | kas       : akk
|         | poss_suff : yes
|         | pred      : almak(up:subj,up:obj2)
|         | subj      :
|         |           | pers : []
|         |           | num  : []
|         | pers      : []
|         | num       : []
|         | cat       : obj2
M                                                                    =
[vform:fin,tense:past,subcat:[subj,obj2|_H],pers:3,num:sg,pred:'goermek(up:s
ubj,up:obj2)',frage:yes,subj:[pers:3,num:sg,kas:nom,pred:galam,poss_suff:ye
s,typ:def,poss:[num:sg,pers:1,kas:gen,pred:men|_A],cat:subj|_B],obj2:[vform:
nr,tense:past,subcat:[subj,obj2|_C],kas:akk,poss_suff:yes,pred:'almak(up:sub
j,up:obj2)',subj:[pers:_E,num:_D|_F],pers:_E,num:_D,cat:obj2|_G]|_I] ? ;

| vform  : fin
| tense  : past
| subcat : [subj,obj2]
```

```
| pers   : 3
| num    : sg
| pred   : goermek(up:subj,up:obj2)
| frage  : yes
| subj   :
|         | pers      : 3
|         | num       : sg
|         | kas       : nom
|         | pred      : galam
|         | poss_suff : yes
|         | typ       : nref
|         | poss      :
|         |           | num  : sg
|         |           | pers : 1
|         |           | kas  : gen
|         |           | pred : men
|         | cat       : subj
| obj2   :
|         | vform     : nr
|         | tense     : past
|         | subcat    : [subj,obj2]
|         | kas       : akk
|         | poss_suff : yes
|         | pred      : almak(up:subj,up:obj2)
|         | subj      :
|         |           | pers : []
|         |           | num  : []
|         | pers      : []
|         | num       : []
|         | cat       : obj2
```

M = [vform:fin,tense:past,subcat:[subj,obj2|_H],pers:3,num:sg,pred:'goermek(up:subj,up:obj2)',frage:yes,subj:[pers:3,num:sg,kas:nom,pred:galam,poss_suff:yes,typ:nref,poss:[num:sg,pers:1,kas:gen,pred:men|_A],cat:subj|_B],obj2:[vform

```
:nr,tense:past,subcat:[subj,obj2|_C],kas:akk,poss_suff:yes,pred:'almak(up:su
bj,up:obj2)',subj:[pers:_E,num:_D|_F],pers:_E,num:_D,cat:obj2|_G]|_I] ? ;

| vform  : fin
| tense  : past
| subcat : [subj,obj2]
| pers   : 3
| num    : sg
| pred   : goermek(up:subj,up:obj2)
| frage  : yes
| subj   :
|        | pers : 3
|        | num  : sg
| obj2   :
|        | vform     : nr
|        | tense     : past
|        | subcat    : [subj,obj2]
|        | kas       : akk
|        | poss_suff : yes
|        | pred      : almak(up:subj,up:obj2)
|        | subj      :
|        |           | pers : 1
|        |           | num  : sg
|        |           | kas  : gen
|        |           | pred : men
|        | pers      : 1
|        | num       : sg
|        | obj2      :
|        |           | kas  : akk
|        |           | num  : sg
|        |           | pred : galam
|        |           | typ  : def
|        |           | pers : 3
|        |           | cat  : obj2
```

```
|         | cat       : obj2
M                                                                                    =
[vform:fin,tense:past,subcat:[subj,obj2|_E],pers:3,num:sg,pred:'goermek(up:s
ubj,up:obj2)',frage:yes,subj:[pers:3,num:sg|_F],obj2:[vform:nr,tense:past,subc
at:[subj,obj2|_C],kas:akk,poss_suff:yes,pred:'almak(up:subj,up:obj2)',subj:[pe
rs:1,num:sg,kas:gen,pred:men|_A],pers:1,num:sg,obj2:[kas:akk,num:sg,pred:
galam,typ:def,pers:3,cat:obj2|_B],cat:obj2|_D]|_G] ? ;

| vform  : fin
| tense  : past
| subcat : [subj,obj2]
| pers   : 3
| num    : sg
| pred   : goermek(up:subj,up:obj2)
| frage  : yes
| subj   :
|         | pers : 3
|         | num  : sg
| obj2   :
|         | vform     : nr
|         | tense     : past
|         | subcat    : [subj,obj2]
|         | kas       : akk
|         | poss_suff : yes
|         | pred      : almak(up:subj,up:obj2)
|         | subj      :
|         |           | pers : 1
|         |           | num  : sg
|         |           | kas  : gen
|         |           | pred : men
|         | pers      : 1
|         | num       : sg
|         | obj2      :
|         |           | kas  : akk
```

```
|       |          | num  : sg
|       |          | pred : galam
|       |          | pers : 3
|       |          | typ  : nref
|       |          | cat  : obj2
|       | cat      : obj2
M                                                                    =
[vform:fin,tense:past,subcat:[subj,obj2|_E],pers:3,num:sg,pred:'goermek(up:s
ubj,up:obj2)',frage:yes,subj:[pers:3,num:sg|_F],obj2:[vform:nr,tense:past,subc
at:[subj,obj2|_C],kas:akk,poss_suff:yes,pred:'almak(up:subj,up:obj2)',subj:[pe
rs:1,num:sg,kas:gen,pred:men|_A],pers:1,num:sg,obj2:[kas:akk,num:sg,pred:
galam,pers:3,typ:nref,cat:obj2|_B],cat:obj2|_D]|_G] ? ;


/* Eine Frage mit Fragepronomen. */

no
| ?- shift_reduce(s,  [M], [kim,goerdi], [], []),pm(M).

| vform  : fin
| tense  : past
| subcat : [subj,obj2]
| pers   : 3
| num    : sg
| pred   : goormek(up:subj,up:obj2)
| subj   :
|        | pers  : 3
|        | num   : sg
|        | kas   : nom
|        | pred  : kim
|        | frage : yes
|        | cat   : subj
M                                                                    =
[vform:fin,tense:past,subcat:[subj,obj2|_B],pers:3,num:sg,pred:'goermek(up:s
```

```
ubj,up:obj2)',subj:[pers:3,num:sg,kas:nom,pred:kim,frage:yes,cat:subj|_A]|_C
] ? ;
```

/* Ein Satz mit einer Postpositionalphrase 'milad bilen'. */

```
no
| ?- shift_reduce(s,  [M], [men,milad,bilen,gitdim],[],[]),pm(M).

| vform    : fin
| tense    : past
| subcat   : [subj]
| pers     : 1
| num      : sg
| pred     : gitmek(up:subj)
| subj     :
|          | pers : 1
|          | num  : sg
|          | kas  : nom
|          | pred : men
|          | cat  : subj
|                                   adjuncts                                :
[[obj:[kas:nom,num:sg,typ:def,pred:milad,pers:3],pred:bilen(up:obj),objkas:no
m]]
M                                                                           =
[vform:fin,tense:past,subcat:[subj|_D],pers:1,num:sg,pred:'gitmek(up:subj)',su
bj:[pers:1,num:sg,kas:nom,pred:men,cat:subj|_A],adjuncts:[[obj:[kas:nom,nu
m:sg,typ:def,pred:milad,pers:3|_B],pred:'bilen(up:obj)',objkas:nom|_C]|_E]|_F]
? ;


yes
| ?-
```

12. Anhang 2: Die Implementierung der Worterkennung in Isadora

Anmerkung: Der erste Teil des Isadora-Programms (die Beschreibung der Pausen und Nebengeräusche) ist direkt aus dem Verbmobil-Projekt übernommen worden, da die Pausen in allen Sprachen gleich sind. Der Verfasser dieses Teils ist Gernot A. Fink.

```
#
# Datei:    NoPhones
# Autor:    Gernot A. Fink
# Datum:    16.9.1993
#
# Beschreibung: Definition von Lautkomponenten für "Nichtlaute"
#
#
#
#       Zusammenfassung aller folgenden Konzepte
#
#P:     =NoPhones=      [] [-] [+] ;
P:      =NoPhones=      [] [-] ;
#
#
#       allgemeinste Lautkomponente ("Müllkonzept")
#       WICHTIG: Darf in keinem Netzwerk fehlen!
#
A:      [] ;
#
#
#       Nichtsprachliche Lautkomponenten
#
# Pause am Äußerungsanfang und -ende
A:      [-] ;
# "Binnen"-Pause
```

```
#A:   [+] ;
#
# Datei:       Silence
# Autor:       Gernot A. Fink
# Datum:       27.9.1993
#
# Beschreibung: Definition verschiedener Pausenkonzepte
#
# Letzte wichtige Änderung:
#       1.10.1993, Gernot A. Fink:   "Laute" Pause
#
#
#
#       Zusammenfassung aller folgenden Konzepte
#
#P:    =Silence=  SILENCE [[-]] QUIET [[+]] ;
P:     =Silence=  SILENCE ;
#
#
#       Standardpause
#       WICHTIG: Darf in keinem Netzwerk fehlen!
#


P:     SILENCE   [-] [--] [---] ;
S:     [--]    [-] [-] ;
S:     [---]   [-] [-] [-] ;
#
#
#       Nichtparadigmatische Pause
#       (wird wegen der Disjunktion als stabile Einheit betrachtet)
#
#D:   [[-]]   SILENCE ;
#
```

```
#
#       "Laute" Pause (für Äußerungsbeginn?)
#
#P:  QUIET      [+] [++] [+++] ;
#S:  [++]  [+] [+] ;
#S:  [+++] [+] [+] [+] ;
#
#
#       Nichtparadigmatische "laute" Pause
#       (wird wegen der Disjunktion als stabile Einheit betrachtet)
#
#D:  [[+]]  QUIET ;
P: =Baseline=
=NoPhones=
=Silence=
;
#
#
#
#Autor:     Majid Amanzadeh
#
#
#
# Atomare Konzepte der Phoneme der türkmenischen Sprache
#
#
#
# Vokale:
#
A:    [i] ;    # i
A:    [e] ;    # e
A:    [@] ;    # ae
A:    [y] ;    # ue
A:    [q] ;    # oe
```

```
A:    [I] ;    # i
A:    [a] ;    # a
A:    [u] ;    # u
A:    [o] ;    # o
#
# Konsonanten
#
A:    [p] ;    # p
A:    [b] ;    # b
A:    [v] ;    # v
A:    [f] ;    # f
A:    [w] ;    # w
A:    [m] ;    # m
A:    [t] ;    # t
A:    [d] ;    # d
A:    [c] ;    # th, stimmlos
A:    [s] ;    # s, stimmlos
A:    [C] ;    # th, stimmhaft
A:    [z] ;    # s, stimmhaft
A:    [S] ;    # sch, stimmlos
A:    [j] ;    # sch, stimmhaft
A:    [n] ;    # n
A:    [l] ;    # l
A:    [r] ;    # r
A:    [J] ;    # j
A:    [k] ;    # k, wie in key
A:    [K] ;    # k, wie in alklm
A:    [g] ;    # g, wie gue:tsch
A:    [G] ;    # g, wie aGSam
A:    [N] ;    # ng
A:    [h] ;    # h
A:    [x] ;    # ch
#
# Vokalische Phoneme
```

```
#
S:   /a/    [a] [a] ;
S:   /a:/   [a] [a] [a] ;
S:   /ae/   [@] [@] ;
S:   /ae:/  [@] [@] [@] ;
S:   /e/    [e] [e] ;
S:   /e:/   [e] [e] [e] ;
S:   /i/    [i] [i] ;
S:   /i:/   [i] [i] [i] ;
S:   /I/    [I] [I] ;
S:   /I:/   [I] [I] [I] ;
S:   /o/    [o] [o] ;
S:   /o:/   [o] [o] [o] ;
S:   /oe/   [q] [q] ;
S:   /oe:/  [q] [q] [q] ;
S:   /u/    [u] [u] ;
S:   /u:/   [u] [u] [u] ;
S:   /ue/   [y] [y] ;
S:   /ue:/  [y] [y] [y] ;
#
# Konsonantische Phoneme
#
S:   /b/    [b] [b] ;
S:   /p/    [p] [p] ;
S:   /v/    [v] [v] ;
S:   /f/    [f] [f] ;
S:   /w/    [w] [w] ;
S:   /m/    [m] [m] ;
S:   /t/    [t] [t] ;
S:   /d/    [d] [d] ;
S:   /th/   [c] [c] ;
S:   /s/    [s] [s] ;
S:   /TH/   [C] [C] ;
S:   /z/    [z] [z] ;
```

```
S:    /sch/  [S] [S] ;
S:    /j/    [j] [j] ;
S:    /tsch/ [t] [S] [S] ;
S:    /n/    [n] [n] ;
S:    /l/    [l] [l] ;
S:    /r/    [r] [r] ;
S:    /y/    [J] [J] ;
S:    /k/    [k] [k] ;
S:    /kh/   [K] [K] ;
S:    /g/    [g] [g] ;
S:    /gh/   [G] [G] ;
S:    /ng/   [N] [N] ;
S:    /h/    [h] [h] ;
S:    /ch/   [x] [x] ;
#
#     Das Wurzelkonzept besteht aus Zahlen, Nomen, Verben oder
#     Geräuschen
#

P:    ROOT       Satz =Baseline= =Korpora= ;

P:    =Wort=     ZAHL Ordinal Nomen Verb Undekliniert ;

R:    Wörter     =Wort= ;
S:    Satz  SILENCE Wörter SILENCE ;

#
#
#
#     Zahlen von 0 bis 100
#

S:    null   /n/ /u/ /l/ ;
S:    bir    /b/ /i/ /r/ ;
```

```
S:	iki	/i/ /k/ /i/ ;
S:	uetsch	/ue/ /tsch/ ;
S:	doert /d/ /oe/ /r/ /t/ ;
S:	baesch	/b/ /ae/ /sch/ ;
S:	alti	/a/ /l/ /t/ /l:/ ;
S:	yedi	/y/ /e:/ /d/ /i/ ;
S:	segiz /th/ /e/ /g/ /i/ /z/ ;
S:	dokuz	/d/ /o/ /gh/ /u/ /z/ ;
S:	on	/o:/ /n/ ;
S:	yirim	/y/ /i/ /r/ /e/ /m/ ;
S:	otuz	/o/ /t/ /u/ /z/ ;
S:	girk	/g/ /i/ /r/ /gh/ ;
S:	elli	/e/ /l/ /l/ /i:/ ;
S:	altmisch	alt_ _misch ;
S:	alt_	/a/ /l/ /t/ ;
S:	_misch	/m/ /i/ /sch/ ;
S:	yetmisch	yet_ _misch ;
S:	yet_	/y/ /e/ /t/ ;
S:	segsen	/th/ /e/ /y/ /s/ /e/ /n/ ;
S:	togsen	/t/ /o/ /gh/ /s/ /o/ /n/ ;
S:	yuez	/y/ /ue/ /z/ ;
#
P:	ZAHL	null  ZAHL99 yuez ;
#
# ZAHL99 steht für die Zahlen von 1 bis 99 einschließlich.
# Diese bestehen einfach aus der 10er Ziffer und der 1er Ziffer.
#
F:	ZAHL99	ZAHL10 ZAHL1  < Matrix:

 0 1 1
 1 0 1
 1 0 0 >
;
P:	ZAHL1	bir iki uetsch doert baesch alti yedi segiz dokuz ;
```

```
P:     ZAHL10     on yirim otuz girk elli altmisch yetmisch segsen togsen ;

S:     Ordinal     ZAHL -ingi ;

# Phonetik
S:     -ingi  /i/ /ng/ /g/ /i/ ;
#
#
#
# Nomenkonstruktionen
#

# für jede Vokalharmonie definieren wir eine Unterkategorie von Nomen
# Es gibt im wesentlichen zwei Harmonien, eine auf a und eine auf e.
# Diese Harmonien besagen, daß in einem Wort entweder nur die Vokale
# /a/, /I/, /o/, /u/ oder nur die Vokale /e/, /i/, /oe/, /ue/, /ae/
# vorkommen dürfen. Alle Endungen gibt es daher in einer /a/- und einer
# /e/-Form.
# Zum Beispiel ist der Plural von 'taghta' 'taghtalar', während der Plural
# von 'el' 'eller' ist. Die anderen Endungen des Turkmenischen kommen ge-
nauso (s. Kap. 3.6, S. 44)
# in zwei Formen vor.
# Diese beiden können aber noch durch die Labialharmonie verändert wer-
den.
# Die Labialharmonie besagt, daß nach einem runden Vokal (/o/, /u/, /oe/,
# /ue/) alle Vokale rund gesprochen werden, solange bis ein langer
# unrunder Vokal auftritt (s. Kap. 3.7, S. 45).
# Die Vokale werden dabei so verändert:
#  /a/  -> /o/
#  /e/  -> /oe/
#  /I/  -> /u/
#  /i/  -> /ue/

# Beispiel: 'guschdan' wird gesprochen 'guschdon'. Analog wird 'oeyden'
```

gesprochen als 'oeydoen'. Nach einem langen Vokal wird wieder normal
gesprochen. Beispiel: 'duenyae:den' statt 'duenyae:doen'.

P: Nomen Nomen_a Nomen_e Nomen_o Nomen_oe ;

Ein Nomen besteht aus dem Nomenstamm(zum Beispiel manat) gefolgt von einer optionalen
Pluralendung(zum Beispiel lar), einer optionalen Possessivendung(zum Beispiel ing) und einer
Kasusendung(zum Beispiel dan). Die Possessiv- und Kasusendungen hängen davon ab, ob
ein Vokal oder ein Konsonant davor kommt.
Deshalb haben die Nomenstämme das Suffix _k (zum Beispiel manatlm), wenn sie auf
einen Konsonanten enden, und das Suffix _v (zum Beispiel ata), wenn sie auf einen
Vokal enden.
Die Pluralendungen sind hinter Vokalen und Konsonanten gleich.
Außerdem enden die Pluralendungen alle auf /r/. Deshalb ist kein
Suffix erforderlich.
Die Possessivendungen haben gleich zwei Suffixe. Das erste besagt, ob diese
Form nach einem Vokal (zum Beispiel ata -m) oder nach einem Konsonant (zum Beispiel manat
-lm) kommt, das zweite besagt, ob das Suffix mit einem Konsonant(zum Beispiel galam
-lm) oder mit einem Vokal(zum Beispiel galam -l) endet.
Die Kasusendungen haben nur ein Suffix, das angibt, ob diese Form
hinter einem Vokal(zum Beispiel ata -nl) oder einem Konsonanten(zum Beispiel Manat -l)
stehen muß.

F: Nomen_a NStamm_a_k NStamm_a_v Plural_a
Poss_a_k_k Poss_a_k_v Poss_a_v_k Poss_a_v_v
Kasus_a_k Kasus_a_v

```
< Matrix:

        0 1 1 1 1 1 1 1 1 1
        1 0 0 1 1 1 0 0 1 0 # NStamm_a_k
        1 0 0 1 0 0 1 1 0 1 # NStamm_a_v
        0 0 0 0 1 1 0 0 1 0 # Plural_a
        0 0 0 0 0 0 0 0 1 0 # Poss_a_k_k
        0 0 0 0 0 0 0 0 0 1 # Poss_a_k_v
        0 0 0 0 0 0 0 0 1 0 # Poss_a_v_k
        0 0 0 0 0 0 0 0 0 1 # Poss_a_v_v
        0 0 0 0 0 0 0 0 0 0 # Kasus_a_k
        0 0 0 0 0 0 0 0 0 0 # Kasus_a_v

# Erklärung der Matrix:
# Ein Nomen muß mit einem NStamm anfangen, daher ist in der ersten
# Spalte eine 1 nur für NStamm_a_k(zum Beispiel manat) und
NStamm_a_v(zum Beispiel ata)
# eingetragen.
# Da alle Endungen optional sind, kann ein Nomen nach dem Stamm oder
# einer beliebigen Endung aufhören. Deshalb sind in der ersten Zeile
# alle Einträge auf 1 gesetzt.
# Vor einem NStamm darf nichts stehen. Daher enthalten die Spalten
# für NStamm_a_k und NStamm_a_v nur Nullen.
# Die Pluralendung darf nach einem beliebigen Nomenstamm kommen. Da-
her
# hat die 4. Spalte Einsen in Zeile 2 und 3, und sonst nur Nullen(vor der
# Pluralendung darf nur NStamm_a_k und Nstamm_a_v kommen).
# Die Possessivendung hängt von dem vor ihr stehenden Laut ab.
# Daher gibt es zwei Fälle:
# Vor Poss_a_k_k oder Poss_a_k_v darf nur ein NStamm_a_k oder eine
# Pluralendung stehen, weil sie mit einem Konsonanten aufhören (zum Beispiel
# manat -lar -Im).
# Deshalb sind in der 5. und 6. Spalte Einsen in Zeile 2 und 4.

# Vor Poss_a_v_k oder Poss_a_v_v darf nur ein NStamm_a_v stehen, da
# alle Pluralendungen mit einem Konsonanten aufhören (zum Beispiel ata -
m).
# Deshalb stehen in der 7. und 8. Spalte nur in Zeile 3 Einsen.
```

```
# Die Kasusendungen hängen auch vom vor ihnen stehenden Laut
# ab. Deshalb gibt es wieder zwei Fälle.
# Kasus_a_k darf nur nach einem Konsonanten kommen, d. h. die
# Bestandteile NStamm_a_k, Plural_a, Poss_a_k_k oder Poss_a_v_k.
# (zum Beispiel manat -l, manat -lar -l, manat -lar -lm -l oder ata -ml).
# Deshalb stehen die Einsen in Zeile 2, 4, 5 und 7.

# Kasus_a_v darf nur nach einem Vokal kommen, d. h. den Bestandteilen
# NStamm_a_v, Poss_a_k_v und Poss_a_v_v. (zum Beispiel ata -nl, manat -
l -nl oder galam
# -l -nl). Deshalb stehen die Einsen in Zeile 3, 6 und 8.
> ;

# Für die /e/-Form gelten im Prinzip die gleichen Regeln wie für die
# /a/-Form, aber es gibt eine Ausnahme:
# Die Possessivendung wird direkt nach einem /e/ anders
# gebildet. Deshalb muß man für den Nomenstamm noch unterscheiden,
# ob er mit einem /e/ oder einem anderen Vokal endet.
# Für die neuen Formen wurde das Suffix _e benutzt. Dieses ist nur
# interessant für den Nomenstamm, weil die Pluralendungen nie auf /e/
# enden.
# Dadurch haben wir hier sogar 3 Klassen von Nomenstämmen und 6
# Klassen von Possessivendungen zu betrachten. Die allgemeinen Regeln
# bleiben aber die gleichen, wie bei der /a/-Harmonie.
F:      Nomen_e  NStamm_e_k NStamm_e_v NStamm_e_e Plural_e
                 Poss_e_k_k Poss_e_k_v Poss_e_v_k Poss_e_v_v
                 Poss_e_e_k Poss_e_e_v Kasus_e_k Kasus_e_v
< Matrix:
            0 1 1 1 1 1 1 1 1 1 1 1 0
            1 0 0 0 1 1 1 0 0 0 0 1 0 # NStamm_e_k
            1 0 0 0 1 0 0 1 1 0 0 0 1 # NStamm_e_v
            1 0 0 0 1 0 0 0 0 1 1 0 1 # NStamm_e_e
            0 0 0 0 0 1 1 0 0 0 0 1 0 # Plural_a
            0 0 0 0 0 0 0 0 0 0 0 1 0 # Poss_e_k_k
            0 0 0 0 0 0 0 0 0 0 0 0 1 # Poss_e_k_v
            0 0 0 0 0 0 0 0 0 0 0 1 0 # Poss_e_v_k
            0 0 0 0 0 0 0 0 0 0 0 0 1 # Poss_e_v_v
```

```
            0 0 0 0 0 0 0 0 0 0 0 0 1 0  # Poss_e_e_k
            0 0 0 0 0 0 0 0 0 0 0 0 0 1  # Poss_e_e_v
            0 0 0 0 0 0 0 0 0 0 0 0 0 0  # Kasus_e_k
            0 0 0 0 0 0 0 0 0 0 0 0 0 0  # Kasus_e_v
> ;

# Die Matrix für die runde /a/-Harmonie ist identisch mit der Matrix
# der unrunden /a/-Harmonie, nur daß natürlich alle Endungen in
# ihrer runden Form benutzt werden.
# Dabei ist zu beachten, daß in den Endungen kein /a:/ vorkommt, so
# daß man bei Nomen nicht wieder zurück in die unrunde Form kommen
# kann.


F:     Nomen_o  NStamm_o_k NStamm_o_v Plural_o
                Poss_o_k_k Poss_o_k_v Poss_o_v_k Poss_o_v_v
                Kasus_o_k Kasus_o_v
< Matrix:
            0 1 1 1 1 1 1 1 1 1
            1..0 0 1 1 1 0 0 1 0  # NStamm_o_k
            1 0 0 1 0 0 1 1 0 1  # NStamm_o_v
            0 0 0 0 1 1 0 0 1 0  # Plural_o
            0 0 0 0 0 0 0 0 1 0  # Poss_o_k_k
            0 0 0 0 0 0 0 0 0 1  # Poss_o_k_v
            0 0 0 0 0 0 0 0 1 0  # Poss_o_v_k
            0 0 0 0 0 0 0 0 0 1  # Poss_o_v_v
            0 0 0 0 0 0 0 0 0 0  # Kasus_o_k
            0 0 0 0 0 0 0 0 0 0  # Kasus_o_v
> ;

# In der runden /e/-Harmonie kann der Spezialfall der /e/-Harmonie
# nicht vorkommen, da ja ein /e/ immer als /oe/ gesprochen wird.
# Deshalb ist auch diese Matrix identisch mit der /a/-Matrix.

F:     Nomen_oe NStamm_oe_k NStamm_oe_v Plural_oe
                Poss_oe_k_k Poss_oe_k_v Poss_oe_v_k Poss_oe_v_v
                Kasus_oe_k Kasus_oe_v
< Matrix:
```

```
            0 1 1 1 1 1 1 1 1 1
            1 0 0 1 1 1 0 0 1 0 # NStamm_oe_k
            1 0 0 1 0 0 1 1 0 1 # NStamm_oe_v
            0 0 0 0 1 1 0 0 1 0 # Plural_oe
            0 0 0 0 0 0 0 0 1 0 # Poss_oe_k_k
            0 0 0 0 0 0 0 0 0 1 # Poss_oe_k_v
            0 0 0 0 0 0 0 0 1 0 # Poss_oe_v_k
            0 0 0 0 0 0 0 0 0 1 # Poss_oe_v_v
            0 0 0 0 0 0 0 0 0 0 # Kasus_oe_k
            0 0 0 0 0 0 0 0 0 0 # Kasus_oe_v
> ;

# Pluralsuffixe
P:    Plural_a    -lar ;
P:    Plural_e    -ler ;
P:    Plural_o    -lor ;   # Kleine Vokalharmonie
P:    Plural_oe   -loer ;

# Phonetik
S:    -lar    /l/ /a/ /r/ ;
S:    -ler    /l/ /e/ /r/ ;
S:    -lor    /l/ /o/ /r/ ;
S:    -loer   /l/ /oe/ /r/ ;


# Possessivsuffixe
P:    Poss_a_k_k      -Im  -In  -Ing  -ImIth  -IngIth ;
P:    Poss_a_k_v      -I ;
P:    Poss_a_v_k      -m -ng -mIth -ngIth ;
P:    Poss_a_v_v      -thI ;

P:    Poss_e_k_k      -im  -in  -ing  -imith  -ingith ;
P:    Poss_e_k_v      -i ;
P:    Poss_e_v_k      -m -ng -mith -ngith ;
P:    Poss_e_v_v      -thi ;
P:    Poss_e_e_k      -aem -aeng -aemith -aengith ;
P:    Poss_e_e_v      -aethi ;
```

```
P:	Poss_o_k_k	-um  -ung  -umlth  -unglth ;
P:	Poss_o_k_v	-l ;
P:	Poss_o_v_k	-m -ng -mlth -nglth ;
P:	Poss_o_v_v	-thl ;

P:	Poss_oe_k_k	-uem  -ueng  -uemith  -uengith ;
P:	Poss_oe_k_v	-ue ;
P:	Poss_oe_v_k	-m -ng -mith -ngith ;
P:	Poss_oe_v_v	-thi ;

# Phonetik
S:	-lm	/l/ /m/ ;
S:	-ln	/l/ /n/ ;
S:	-lng	/l/ /ng/ ;
S:	-l	/l/ ;
S:	-lmlth		/l/ /m/ /l/ /TH/ ;
S:	-lnglth		/l/ /ng/ /l/ /TH/ ;

S:	-m	/m/ ;
S:	-ng	/ng/ ;
S:	-mlth /m/ /l/ /TH/ ;
S:	-nglth		/ng/ /l/ /TH/ ;
S:	-thl	/th/ /l/ ;

S:	-im	/i/ /m/ ;
S:	-in	/i/ /n/ ;
S:	-ing	/i/ /ng/ ;
S:	-i	/i/ ;
S:	-imith/i/ /m/ /i/ /TH/ ;
S:	-ingith		/i/ /ng/ /i/ /TH/ ;

#	-m	siehe oben
#	-ng	siehe oben
S:	-mith /m/ /i/ /TH/ ;
```

S: -ngith/ng/ /i/ /TH/ ;
S: -thi /th/ /i/ ;

S: -aem /ae/ /m/ ;
S: -aeng /ae/ /ng/ ;
S: -aemith /ae/ /m/ /i/ /TH/ ;
S: -aengith /ae/ /ng/ /i/ /TH/ ;
S: -aethi/ae/ /th/ /i/ ;

S: -um /u/ /m/ ;
S: -ung /u/ /ng/ ;
S: -umIth /u/ /m/ /I/ /TH/ ;
S: -ungIth /u/ /ng/ /I/ /TH/ ;

S: -uem /ue/ /m/ ;
S: -ueng /ue/ /ng/ ;
S: -ue /ue/ ;
S: -uemith /ue/ /m/ /i/ /TH/ ;
S: -uengith /ue/ /ng/ /i/ /TH/ ;

Kasussuffixe
P: Kasus_a_k-Ing -a -I -na -da -dan ;
P: Kasus_e_k-ing -e -i -ne -de -den ;
P: Kasus_o_k-ung -a -I -na -da -dan ;
P: Kasus_oe_k -ueng -e -i -no -de -den ;

P: Kasus_a_v-nIng -a -nI -da -dan ;
P: Kasus_e_v-ning -e -ni -de -den ;
P: Kasus_o_v-nung -a -nI -da -dan ;
P: Kasus_oe_v -nueng -e -ni -de -den ;

Phonetik
-Ing siehe oben
-ung siehe oben

S: -a /a/ ;
-I siehe oben
S: -na /n/ /a/ ;
S: -da /d/ /a/ ;
S: -dan /d/ /a/ /n/ ;

-ing siehe oben
-ueng siehe oben
S: -e /e/ ;
-i siehe oben
S: -ne /n/ /e/ ;
S: -de /d/ /e/ ;
S: -den /d/ /e/ /n/ ;

S: -nIng /n/ /I/ /ng/ ;
S: -nung /n/ /u/ /ng/ ;
-a siehe oben
S: -nI /n/ /I/ ;
-na siehe oben
-da siehe oben
-dan siehe oben

S: -ning /n/ /i/ /ng/ ;
S: -nueng /n/ /ue/ /ng/ ;
-e siehe oben
S: -ni /n/ /i/ ;
-ne siehe oben
-de siehe oben
-den siehe oben

Nomenstämme. Die Nomenstämme werden noch einmal unterteilt in
'echte' Nomenstämme und Verbalnomina. Die 'echten' Nomenstämme
bekommen den Namen NStamm1, die Verbalnomina bekommen den Namen

```
# 'VNStamm'.
P:    NStamm_a_k    NStamm1_a_k VNStamm_a_k ;
P:    NStamm_a_v    NStamm1_a_v VNStamm_a_v ;
P:    NStamm_e_k    NStamm1_e_k VNStamm_e_k ;
P:    NStamm_e_v    NStamm1_e_k ;
P:    NStamm_e_e    NStamm1_e_e VNStamm_e_e ;
P:    NStamm_o_k    NStamm1_o_k VNStamm_o_k ;
P:    NStamm_o_v    NStamm1_o_v VNStamm_o_v ;
P:    NStamm_oe_k   NStamm1_oe_k VNStamm_oe_k ;
P:    NStamm_oe_v   NStamm1_oe_v VNStamm_oe_v ;

# Wörter
P:    NStamm1_a_k   aschgabat
ad
alklm
daschauwlth
hatschan
manat
men
nagadar
paris
tehran
thagat
thomergant
schutag
turkmenbaschl
turkmenistan
zaman
                        ;
P:    NStamm1_a_v   alti
almaata
almana
baha
baschga
```

bochara
keratschl
mary
;
P: NStamm1_e_k mekdep
baesch
bilit
geljek
itschin
mothafer
naemedip
schaehr
thez
taschkent
;
P: NStamm1_e_v elli
bir
doschaenbe
kaerki
;
P: NStamm1_e_e daede
hefte
naeme
naetschae
;
P: NStamm1_o_k frankfurt
information
istanbul
merkaeth
minsk
ol
utschor
;
P: NStamm1_o_v bu

thu
mosku
tschardjaw
;
P: NStamm1_oe_k goel
guen
koeln
london
;
P: NStamm1_oe_v schue
thuerue
;

Phonetik
S: aschgabat /a/ /sch/ /g/ /a/ /b/ /a/ /t/ ;
S: ad /a/ /d/ ;
S: alklm /a/ /l/ /kh/ /l/ /m/ ;
S: almaata /a/ /l/ /m/ /a/ /a/ /t/ /a/ ;
S: almana /a/ /l/ /m/ /a/ /n/ /a:/ ;
S: baha /b/ /a/ /h/ /a/ ;
S: baschga /b/ /a/ /sch/ /g/ /a/ ;
S: bilit /b/ /i/ /l/ /i/ /t/ ;
S: bochara /b/ /o/ /ch/ /a/ /r/ /a/ ;
S: bu /b/ /u/ ;
S: daede /d/ /ae/ /d/ /e/ ;
S: daschauwlth /d/ /a/ /sch/ /a/ /u/ /w/ /l/ /th/ ;
S: doschaenbe /d/ /o/ /sch/ /ae/ /n/ /b/ /e/ ;
S: frankfurt /f/ /r/ /a/ /n/ /k/ /f/ /u/ /r/ /t/ ;
S: geljek /g/ /e/ /l/ /j/ /e/ /k/ ;
S: goel /g/ /oe/ /l/ ;
S: guen /g/ /ue/ /n/ ;
S: hatschan /h/ /a/ /tsch/ /a/ /n/ ;
S: hefte /h/ /e/ /f/ /t/ /e/ ;
S: information /i/ /n/ /f/ /o/ /r/ /m/ /a/ /s/ /y/ /o/ /n/ ;

S: istanbul /s/ /t/ /a/ /m/ /b/ /u/ /l/ ;
S: itschin /i/ /tsch/ /i/ /n/ ;
S: kaerki /k/ /ae/ /r/ /k/ /i/ ;
S: keratschl /k/ /e/ /r/ /a/ /tsch/ /l/ ;
S: koeln /k/ /oe/ /l/ /n/ ;
S: london /l/ /ae/ /n/ /d/ /ae/ /n/ ;
S: manat /m/ /a/ /n/ /a/ /t/ ;
S: mary /m/ /a/ /r/ /l/ ;
S: mekdep /m/ /e/ /k/ /d/ /e/ /p/ ;
S: men /m/ /e/ /n/ ;
S: merkaeth /m/ /e/ /r/ /k/ /ae/ /th/ ;
S: minsk /m/ /i/ /n/ /s/ /k/ ;
S: mothafer /m/ /o/ /th/ /a/ /f/ /e/ /r/ ;
S: mosku /m/ /o/ /s/ /k/ /u/ ;
S: naeme /n/ /ae/ /m/ /e/ ;
S: naemedip /n/ /ae/ /m/ /e/ /d/ /i/ /p/ ;
S: naetschae /n/ /ae/ /tsch/ /ae/ ;
S: nagadar /n/ /a/ /gh/ /a/ /d/ /a/ /r/ ;
S: paris /p/ /a/ /r/ /l/ /s/ ;
S: ol /o/ /l/ ;
S: thu /th/ /u/ ;
S: thuerue /th/ /ue/ /r/ /ue/ ;
S: schaehr /sch/ /ae/ /h/ /r/ ;
S: schue /sch/ /ue/ ;
S: schutag /sch/ /u/ /t/ /a/ /gh/ ;
S: thez /th/ /e/ /z/ ;
S: taschkent /t/ /a/ /sch/ /k/ /e/ /n/ /t/ ;
S: tehran /t/ /e/ /h/ /r/ /a/ /n/ ;
S: thagat /th/ /a/ /gh/ /a/ /t/ ;
S: themergant /th/ /e/ /m/ /e/ /r/ /gh/ /a/ /n/ /t/ ;
S: tschardjaw /tsch/ /a/ /r/ /j/ /o/ /u/ ;
S: turkmenbaschl /t/ /u/ /r/ /k/ /m/ /e/ /n/ /b/ /a/ /sch/ /l/ ;
S: turkmenistan /t/ /u/ /r/ /k/ /m/ /e/ /n/ /i/ /s/ /t/ /a/ /n/ ;
S: utschor /u/ /tsch/ /o/ /r/ ;

S: zaman /z/ /a/ /m/ /a/ /n/ ;

#
#---
#
Verbkonstruktion
#

Für die Verben gelten, genauso wie für die Nomen, alle Regeln der
Vokalharmonie (s. Kap. 3.6, S. 44).
Für die Verben definieren wir wieder 4 Unterkategorien, eine für
jede Harmonie.
P: Verb Verb_a Verb_e Verb_o Verb_oe ;
Verben treten in zwei Formen auf.
Einerseits gibt es eine partizipielle Form der Verben, die aus dem
Verbstamm, einer optionalen Verneinung und einer Partizipendung
besteht (zum Beispiel algak).
Andererseits gibt es eine voll konjugierte Form der Verben, die aus
dem Verbstamm, evtl. einer Verneinung, einer optionalen Endung, die
die Gegenwart anzeigt, einer optionalen Frageendung, einer optionalen
Vergangenheitsendung und einer Konjugationsendung besteht. (zum Beispiel
alyardlm)
Man beachte, daß es erlaubt ist, die Gegenwarts- und Vergangenheitsendung gleichzeitig in einem Wort zu benutzen.
Weiter gibt es für die Gegenwartsform noch eine Kurzsprechweise, in
der die Gegenwartsendung mit der Konjugationsendung verbunden wird.
(zum Beispiel alyam)
Die Konjugationsendung hängt davon ab, ob der vor ihr stehende Laut
ein Vokal oder ein Konsonant ist. Alle Bestandteile, die vor der
Konjugationsendung kommen, müssen daher wieder klassifiziert
werden.
Die Verneinungsendung -ma oder -me und die Frageendung -ml oder -mi
enden immer mit einem Vokal.

```
# Die Gegenwartsendung -ya:r oder -a:r endet immer mit einem
# Konsonanten.

# Darum muß nur beim Verbstamm unterschieden werden, ob er auf einen
# Vokal oder einen Konsonanten endet.
F: Verb_a VStamm_a_v VStamm_a_k Verneinung_a Partizip_a Gegen-
wart_a
Frage_a Vergangenheit_a Endung_a_v Endung_a_k Kurz_a
< Matrix:
        0 1 1 1 1 1 1 1 1 1 1
        1 0 0 1 1 1 1 1 1 0 1 # VStamm_a_v
        1 0 0 1 1 1 1 1 0 1 1 # VStamm_a_k
        0 0 0 0 1 1 1 1 1 0 1 # Verneinung_a
        0 0 0 0 0 0 0 0 0 0 0 # Partizip_a
        0 0 0 0 0 0 1 1 0 1 0 # Gegenwart_a
        0 0 0 0 0 0 0 1 1 0 0 # Frage_a
        0 0 0 0 0 0 0 0 1 0 0 # Vergangenheit_a
        0 0 0 0 0 0 0 0 0 0 0 # Endung_a_v
        0 0 0 0 0 0 0 0 0 0 0 # Endung_a_k
        0 0 0 0 0 0 0 0 0 0 0 # Kurz_a

# Erklärung der Matrix:
# Jedes Verb muß mit einem Verbstamm beginnen. Daher die beiden
# Einsen in Spalte 1 bei VStamm_a_v und VStamm_a_k.
# Alle Endungen sind optional, daher kann jeder Bestandteil am Ende
# des Verbs stehen. Deshalb sind in der 1. Zeile nur Einsen.
# Der Verbstamm darf nur am Anfang des Verbs stehen, daher nur Nullen
# in Spalte 2 und 3.
# Die Verneinungsendung darf nur direkt hinter einem Verbstamm
# kommen. Deshalb stehen in Spalte 4 Einsen in den Spalten für
# VStamm_a_v und VStamm_a_k.
# Die Partizipendung darf hinter dem Verbstamm oder der
# Verneinungsendung kommen. In Spalte 5 sind die Einsen daher in den
# Zeilen für VStamm_a_v, VStamm_a_k und Verneinung_a.
# Die Gegenwartsendung kommt nach dem Verbstamm oder nach der
# Verneinung. Deshalb ist Spalte 6 identisch mit Spalte 5.
# Die Frageendung kann nach dem Stamm, der Verneinung oder der
```

```
# Gegenwartsendung stehen. Daher sind in Spalte 7 Einsen in den
# Spalten für VStamm_a_v, VStamm_a_k, Verneinung_a und Gegenwart_a.
# Die Vergangenheitsendung kann nach dem Stamm, der Verneinung, der
# Gegenwartsendung oder der Frageendung kommen. Daher stehen die Ein-
sen
# in Spalte 8 bei VStamm_a_v, VStamm_a_k, Verneinung_a, Gegenwart_a
# und Frage_a.
# Die Konjugationsendung hängt vom vorhergehenden Laut ab. Darum gibt
# es zwei Fälle:
# Endung_a_k, darf nur nach einem Konsonanten kommen. Das sind die
# Bestandteile VStamm_a_k, und Gegenwart_a.
# Endung_a_v darf nur nach einem Vokal kommen. Das sind die
# Bestandteile VStamm_a_v, Verneinung_a, Frage_a und Vergangenheit_a.
# Die Kurzform darf nur direkt nach dem Stamm oder der Verneinung
# kommen, da sie die Gegenwartsendung im Prinzip enthält.
> ;

# Bei der /e/-Harmonie gelten die gleichen Regeln wie bei der
# /a/-Harmonie. Deshalb ist die Matrix identisch.

F: Verb_e         VStamm_e_v  VStamm_e_k  Verneinung_e  Partizip_e  Ge-
genwart_e
Frage_e Vergangenheit_e Endung_e_v Endung_e_k Kurz_e
< Matrix:
        0 1 1 1 1 1 1 1 1 1 1
        1 0 0 1 1 1 1 1 1 0 1  # VStamm_e_v
        1 0 0 1 1 1 1 1 0 1 1  # VStamm_e_k
        0 0 0 0 1 1 1 1 1 0 1  # Verneinung_e
        0 0 0 0 0 0 0 0 0 0 0  # Partizip_e
        0 0 0 0 0 0 1 1 0 1 0  # Gegenwart_e
        0 0 0 0 0 0 0 1 1 0 0  # Frage_e
        0 0 0 0 0 0 0 0 1 0 0  # Vergangenheit_e
        0 0 0 0 0 0 0 0 0 0 0  # Endung_e_v
        0 0 0 0 0 0 0 0 0 0 0  # Endung_e_k
```

```
              0 0 0 0 0 0 0 0 0 0 0 # Kurz_e
> ;

# In der runden Form gelten die gleichen Regeln, wie bei der
# /a/-Harmonie. Dabei kann es aber passieren, daß ein /a:/ in einer
# Endung auftaucht (Gegenwartsendung -ya:r). Dann muß nach dieser
# Endung wieder die normale /a/-Harmonie benutzt werden.
# Das heißt für die Matrix, daß alles, was nach der Gegenwartsendung
# kommen kann (Frage-, Vergangenheits- und Konjugationsendung), in der
# /a/- und in der /o/-Form auftreten kann.
# Dadurch wird die Matrix ein bißchen größer, aber im Prizip ist es
# die gleiche Matrix wie oben.
F:    Verb_o    VStamm_o_v VStamm_o_k Verneinung_o Partizip_o Ge-
genwart_a
              Frage_o Vergangenheit_o Endung_o_v Endung_o_k
              Frage_a Vergangenheit_a Endung_a_v Endung_a_k Kurz_a

< Matrix:
              0 1 1 1 1 1     1 1 1 1     1 1 1 1  1

              1..0 0 1 1 1    1 1 1 0     0 0 0 0  1 # VStamm_o_v
              1 0 0 1 1 1     1 1 0 1     0 0 0 0  1 # VStamm_o_k
              0 0 0 0 1 1     1 1 1 0     0 0 0 0  1 # Verneinung_o
              0 0 0 0 0 0     0 0 0 0     0 0 0 0  0 # Partizip_o
              0 0 0 0 0 0     0 0 0 0     1 1 0 1  0 # Gegenwart_a

              0 0 0 0 0 0     0 1 1 0     0 0 0 0  0 # Frage_o
              0 0 0 0 0 0     0 0 1 0     0 0 0 0  0 # Vergangenheit_o
              0 0 0 0 0 0     0 0 0 0     0 0 0 0  0 # Endung_o_v
              0 0 0 0 0 0     0 0 0 0     0 0 0 0  0 # Endung_o_k

              0 0 0 0 0 0     0 0 0 0    0 1 1 0  0 # Frage_a
              0 0 0 0 0 0     0 0 0 0     0 0 1 0  0 # Vergangenheit_a
              0 0 0 0 0 0     0 0 0 0     0 0 0 0  0 # Endung_a_v
              0 0 0 0 0 0     0 0 0 0     0 0 0 0  0 # Endung_a_k
```

```
            0 00000        0000     0000 0 # Kurz_a
> ;


# Bei der runden /e/-Harmonie tritt das gleiche Problem auf, wie bei der
# runden /a/-Harmonie auf. Die Matrizen sind identisch.



F:    Verb_oe   VStamm_oe_v  VStamm_oe_k  Verneinung_oe  Partizip_oe
Gegenwart_e
            Frage_oe Vergangenheit_oe Endung_oe_v Endung_oe_k
            Frage_e Vergangenheit_e Endung_e_v Endung_e_k Kurz_e

< Matrix:

            0 11111        1111     1111 1
            1 00111        1110     0000 1 # VStamm_oe_v
            1 00111        1101     0000 1 # VStamm_oe_k
            0 00011        1110     0000 1 # Verneinung_oe
            0 00000        0000     0000 0 # Partizip_oe
            0 00000        0000     1101 0 # Gegenwart_e

            0 00000        0110     0000 0 # Frage_oe
            0 00000        0010     0000 0 # Vergangenheit_oe
            0 00000        0000     0000 0 # Endung_oe_v
            0 00000        0000     0000 0 # Endung_oe_k

            0 00000        0000     0110 0 # Frage_e
            0 00000        0000     0010 0 # Vergangenheit_e
            0 00000        0000     0000 0 # Endung_e_v
            0 00000        0000     0000 0 # Endung_e_k
```

```
            0 00000          0000      0000 0 # Kurz_e
> ;

# Verneinungsendungen
P:    Verneinung_a    -ma ;
P:    Verneinung_e    -me ;
P:    Verneinung_o    -mo ;
P:    Verneinung_oe   -moe ;

# Phonetik
S:    -ma   /m/ /a/ ;
S:    -me   /m/ /e/ ;
S:    -mo   /m/ /o/ ;
S:    -moe /m/ /oe/ ;

# Partizipische Endungen
P:    Partizip_a  -cak -ya:n -a:n -an -mak -mok -mall -mathl -mana ;
P:    Partizip_e  -cek -yae:n -ae:n -en -mek -meli -methi -mene ;
P:    Partizip_o  -cok -ya:n -a:n -an -mak -mall -mathl -mana ;
P:    Partizip_oe-coek -yae:n -ae:n -en -mek -meli -methi -mene ;

# Phonetik
S:    -gak  /dtsch/ /a/ /k/ ;
S:    -ya:n /y/ /a:/ /n/ ;
S:    -a:n  /a:/ /n/ ;
S:    -an   /a/ /n/ ;
S:    -mak /m/ /a/ /gh/ ;
S:    -mall /m/ /a/ /l/ /l/ ;
S:    -mathl        /m/ /a/ /th/ /l/ ;
S:    -mana         /m/ /a/ /n/ /a/ ;
S:    -cek  /tsch/ /e/ /k/ ;
S:    -yae:n        /y/ /ae:/ /n/ ;
S:    -ae:n /ae:/ /n/ ;
```

S: -en /e/ /n/ ;
S: -mek /m/ /e/ /gh/ ;
S: -meli /m/ /e/ /l/ /i/ ;
S: -methi /m/ /e/ /th/ /i/ ;
S: -mene /m/ /e/ /n/ /e/ ;
S: -mok /m/ /o/ /gh/ ;
S: -cok /tsch/ /o/ /k/ ;
S: -coek /tsch/ /oe/ /k/ ;

Gegenwartsendungen (einschließlich der aoristischen Endungen -a:r
und -ae:r)
P: Gegenwart_a -ya:r -a:r ;
P: Gegenwart_e -yae:r -ae:r ;

Phonetik
S: -ya:r /y/ /a:/ /r/ ;
S: -a:r /a:/ /r/ ;
S: -yae:r /y/ /ae:/ /r/ ;
S: -ae:r /ae:/ /r/ ;

Frageendungen
P: Frage_a -ml ;
P: Frage_e -mi ;
P: Frage_o -mu ;
P: Frage_oe -mue ;

Phonetik
S: -ml /m/ /l/ ;
S: -mi /m/ /i/ ;
S: -mu /m/ /u/ ;
S: -mue /m/ /ue/ ;

Vergangenheitsendungen
P: Vergangenheit_a -dl ;

```
P:	Vergangenheit_e		-di ;
P:	Vergangenheit_o		-du ;
P:	Vergangenheit_oe	-due ;

# Phonetik
S:	-di	/d/ /i/ ;
S:	-dl	/d/ /l/ ;
S:	-du	/d/ /u/ ;
S:	-due	/d/ /u/ /e/ ;

# Konjugationsendungen
P:	Endung_a_v	-m -ng -kh -nglth -lar ;
P:	Endung_a_k	-lm -lng -ls -slnglth -lar ;
P:	Endung_e_v	-m -ng -kh -ngith -ler ;
P:	Endung_e_k	-im -ing -is -singith -ler ;
P:	Endung_o_v	-m -ng -kh -nglth -lor ;
P:	Endung_o_k	-um -ung -us -sunglth -lor ;
P:	Endung_oe_v	-m -ng -kh -ngith -loer ;
P:	Endung_oe_k	-uem -ueng -ues -suengith -loer ;

# Phonetik
#	-m	siehe oben
#	-ng	siehe oben
S:	-kh	/kh/ ;
#	-nglth		siehe oben
#	-lar	siehe oben
#	-lm	siehe oben
#	-lng	siehe oben
S:	-ls	/l/ /s/ ;
S:	-slnglth	/s/ /l/ /ng/ /l/ /th/ ;
#	-lar	siehe oben

#	-m	siehe oben
#	-ng	siehe oben
```

-kh siehe oben
-ngithsiehe oben
-ler siehe oben
-im siehe oben
-ing siehe oben
S: -is /i/ /s/ ;
S: -singith /s/ /i/ /ng/ /i/ /th/ ;
-ler siehe oben

-m siehe oben
-ng siehe oben
-kh siehe oben
-nglth siehe oben
-lor siehe oben
-um siehe oben
-ung siehe oben
S: -us /l/ /s/ ;
S: -sunglth /s/ /u/ /ng/ /l/ /th/ ;
-lor siehe oben

-m siehe oben
-ng siehe oben
-kh siehe oben
-ngithsiehe oben
-loer siehe oben
-uem siehe oben
-ueng siehe oben
S: -ues /ue/ /s/ ;
S: -suengith /s/ /ue/ /ng/ /i/ /th/ ;
-loer siehe oben

Endungen der Kurzform
P: Kurz_a -yan -yang -ya -yakh -yanglz -yalar ;
P: Kurz_e -yaen -yaeng -yae -yaekh -yaengiz -yaeler ;

Phonetik
S: -yan /y/ /a/ /n/ ;
S: -yang/y/ /a/ /ng/ ;
S: -ya /y/ /a/ ;
S: -yakh/y/ /a/ /kh/ ;
S: -yanglz /y/ /a/ /ng/ /l/ /z/ ;
S: -yalar/y/ /a/ /l/ /a/ /r/ ;

S: -yaen /y/ /ae/ /n/ ;
S: -yaeng /y/ /ae/ /ng/ ;
S: -yae /y/ /ae/ ;
S: -yaekh /y/ /ae/ /kh/ ;
S: -yaengiz /y/ /ae/ /ng/ /i/ /z/ ;
S: -yaeler /y/ /ae/ /l/ /e/ /r/ ;

Wörter
P: VStamm_a_v yaflrakla
;
P: VStamm_a_k al
bar
dewam
sag
yas
;
P: VStamm_e_v ithle
;
P: VStamm_e_k aidiber
ed
gel
gelip
gerek
;
P: VStamm_o_v duthlo

;

P: VStamm_o_k bol

dur

gon

otur

utsch

;

P: VStamm_oe_v tuefoengloe

;

P: VStamm_oe_k goer

;

Phonetik

S: aidiber /a/ /I/ /d/ /I/ /b/ /e/ /r/ ;

S: al /a/ /I/ ;

S: bar /b/ /a/ /r/ ;

S: bol /b/ /o/ /I/ ;

S: dewam /d/ /e/ /w/ /a/ /m/ ;

S: dur /d/ /u/ /r/ ;

S: duthlo /d/ /u:/ /th/ /I/ /o/ ;

S: ed /e/ /d/ ;

S: gel /g/ /e/ /I/ ;

S: gelip /g/ /e/ /I/ /i/ /p/ ;

S: gerek/g/ /e/ /r/ /e/ /k/ ;

S: goer /g/ /oe/ /r/ ;

S: gon /gh/ /o/ /n/ ;

S: ithle /i/ /th/ /I/ /e/ ;

S: otur /o/ /t/ /u/ /r/ ;

S: sag /s/ /a/ /gh/ ;

S: tuefoengloe /t/ /ue/ /f/ /oe/ /ng/ /I/ /oe/ ;

S: utsch /u/ /tsch/ ;

S: yaflrakla /y/ /a/ /f/ /I/ /r/ /a/ /k/ /I/ /a/ ;

S: yas /y/ /a/ /s/ ;

```
#
# Verbalnomina
#
# Verbalnomina werden gebildet, indem an einen erweiterten Verbstamm
# eine der Endungen -gak, -an oder -ma angehängt wird. An diese
# Endung können dann noch alle Endungen, die an einem Nomen erlaubt
# sind, angehängt werden.
# Syntaktisch verhält sich ein Verbalnomen also wie ein Nomenstamm.
F: VNStamm_a_k VStamm_a_k VStamm_a_v Verneinung_a VNEndung_a_k
< Matrix:
        0 0 0 0 1
        1 0 0 1 1 # VStamm_a_k
        1 0 0 1 1 # VStamm_a_v
        0 0 0 0 1 # Verneinung_a
        0 0 0 0 0 # VNEndung_a_k
# Erklärung der Matrix:
# Ein Verbalnomenstamm besteht aus einem Verbstamm (egal, ob der mit
# einem Vokal oder Konsonanten endet), danach kommt eine optionale
# Verneinung und zum Schluß eine der Verbalnominaendungen.
# Im Gegensatz zu den anderen Fällen, die wir bisher hatten, ist die
# Verbalnominaendung nicht optional, so daß hier nur eine Eins in der
# obersten Zeile steht !
> ;

F: VNStamm_a_v VStamm_a_k VStamm_a_v Verneinung_a VNEndung_a_v
< Matrix:
        0 0 0 0 1
        1 0 0 1 1 # VStamm_a_k
        1 0 0 1 1 # VStamm_a_v 0
        0 0 0 1 # Verneinung_a 0
        0 0 0 0 # VNEndung_a_v
> ;
```

```
F:   VNStamm_e_k  VStamm_e_k  VStamm_e_v  Verneinung_e  VNEn-
dung_e_k
< Matrix:

        0 0 0 0 1
        1 0 0 1 1 # VStamm_e_k
        1..0 0 1 1 # VStamm_e_v
        0 0 0 0 1 # Verneinung_e
        0 0 0 0 0 # VNEndung_e_k
> ;

F:   VNStamm_e_e  VStamm_e_k  VStamm_e_v  Verneinung_e  VNEn-
dung_e_v
< Matrix:

        0 0 0 0 1
        1 0 0 1 1 # VStamm_e_k
        1 0 0 1 1 # VStamm_e_v
        0 0 0 0 1 # Verneinung_e
        0 0 0 0 0 # VNEndung_e_k
> ;

F:   VNStamm_o_k  VStamm_o_k  VStamm_o_v  Verneinung_o  VNEn-
dung_o_k
< Matrix:

        0 0 0 0 1
        1 0 0 1 1 # VStamm_o_k
        1 0 0 1 1 # VStamm_o_v
        0 0 0 0 1 # Verneinung_o
        0 0 0 0 0 # VNEndung_o_k
> ;
```

```
F:    VNStamm_o_v  VStamm_o_k  VStamm_o_v  Verneinung_o  VNEn-
dung_o_v

< Matrix:

          0  0 0 0 1
          1  0 0 1 1  # VStamm_o_k
          1  0 0 1 1  # VStamm_o_v
          0  0 0 0 1  # Verneinung_o
          0  0 0 0 0  # VNEndung_o_v
> ;

F:    VNStamm_oe_k VStamm_oe_k VStamm_oe_v Verneinung_oe VNEn-
dung_oe_k
< Matrix:
          0  0 0 0 1
          1  0 0 1 1  # VStamm_oe_k
          1  0 0 1 1  # VStamm_oe_v
          0  0 0 0 1  # Verneinung_oe
          0  0 0 0 0  # VNEndung_oe_k
> ;

F:    VNStamm_oe_v VStamm_oe_k VStamm_oe_v Verneinung_oe VNEn-
dung_oe_v
< Matrix:
          0  0 0 0 1
          1  0 0 1 1  # VStamm_oe_k
          1  0 0 1 1  # VStamm_oe_v
          0  0 0 0 1  # Verneinung_oe
          0  0 0 0 0  # VNEndung_oe_v
> ;

# Die Verbalnominaendungen.
P:    VNEndung_a_k  -agak ;
P:    VNEndung_a_v  -ma ;
```

```
P:    VNEndung_e_k   -digh -egek ;
P:    VNEndung_e_v  -me ;
P:    VNEndung_o_k   -ogok ;
P:    VNEndung_o_v  -mo ;
P:    VNEndung_oe_k        -duegh -oegoek ;
P:    VNEndung_oe_v-moe ;

# Phonetik
S:    -dlk   /d/ /l/ /k/ ;
S:    -acak/a/ /tsch/ /a/ /k/ ;
#     -ma   siehe oben
S:    -digh /d/ /i/ /gh/ ;
S:    -gek  /tsch/ /e/ /k/ ;
#     -me   siehe oben
S:    -duk  /d/ /u/ /k/ ;
S:    -ogok/o/ /tsch/ /o/ /k/ ;
#     -mo   siehe oben
S:    -duegh      /d/ /ue/ /gh/ ;
S:    -oegoek     /oe/ /tsch/ /oe/ /k/ ;
#     -moe siehe oben

#
# Undeklinierte Wörter (zum Beispiel und, etc.)
#

P:    Undekliniert          ve
                          yoene
                          ;

#
# Phonetik:
#

S:    ve    /v/ /e/ ;
```

```
S:      yoene         /y/ /oe/ /n/ /e/ ;

#
#
# Korpora-Daten
#
include(wlabels.isa)
```

13. Zusammenfassung

Wie schon im Abschnitt *Ziel der Arbeit* erwähnt wurde, besteht diese Arbeit aus verschiedenen Teilen, die entweder mehr dem computerlinguistischen oder mehr dem turkologischen Gebiet zuzuordnen sind.

Im turkologischen Bereich wurde zunächst eine Einordnung des Turkmenischen in den linguistischen und historischen Zusammenhang gegeben. Das Kapitel Lautlehre beschreibt die im Turkmenischen vorkommenden Phoneme und die Gesetzmäßigkeiten, denen sie unterliegen (zum Beispiel Vokalharmonie).
Dabei werden auch die Unterschiede zum Türkeitürkischen herausgestellt.
Im Kapitel Morphologie werden die Grundregeln des Wortbaus dargestellt. Durch das agglutinierende System des Turkmenischen ist dieses Kapitel natürlich relativ komplex. Dabei werden die vielfältigen Kombinationsmöglichkeiten der verschiedenen Nominal- und Verbalsuffixe dargestellt.
Im Kapitel Syntax wird dann der Satzbau kurz in traditioneller Form dargestellt. Dieses Kapitel ist relativ kurz, da im Vergleich zu europäischen Sprachen im Turkmenischen die Morphologie einen Teil der Funktion der Syntax übernimmt.

Im computerlinguistischen Bereich sind dann einerseits eine LFG-Grammatik für ein Fragment der Turkmenischen Sprache und andererseits eine Worterkennung mit dem Isadora-System enthalten.
Die LFG-Grammatik beschreibt in mathematisch exakter Form das, was im Kapitel 5 in umgangssprachlicher Form beschrieben wurde. Dabei ergeben sich nur dadurch Probleme, daß die LFG-Regeln eigentlich nicht für die Beschreibung von Sprachen mit relativ variabler Wortstellung gedacht sind. Ansonsten eignet sich die Turkmenische Sprache aufgrund ihrer großen Regelmäßigkeit gut für die formale Beschreibung durch eine LFG.
Im Anhang wird dann durch eine Implementierung der LFG aus Kapitel 6 in der Programmiersprache PROLOG gezeigt, daß die angegebenen Syntaxregeln für einige Beispielsätze korrekte Ableitungen liefern. Dabei werden auch

Nebensätze wie Objektsätze und Relativsätze korrekt behandelt. Für mehrdeutige Satzkonstruktionen liefert der Parser alle möglichen Ableitungen.

Die Worterkennung mit Isadora hat gezeigt, daß die vielen kombinatorischen Möglichkeiten, die durch die Suffixregeln entstehen, ein Problem bei der Worterkennung ergeben. Dadurch, daß sehr viele ähnliche Wörter als Ergebnis möglich sind, steigt natürlich die Wahrscheinlichkeit, ein falsches Wort zu erkennen.
Ein Nomenstamm kann über 100 verschiedene Suffixkombinationen eingehen, ein Verbstamm sogar noch mehr. Der in den Tests verwendeter Teil des Turkmenischen enthält nur 97 Stammwörter. Durch die Flexion ergeben sich aber über 10000 mögliche Kombinationen.
Um diese riesige Anzahl von möglichen Suffixformen zu reduzieren, wurden die Regeln der Vokal- und Labialharmonie implementiert. Dadurch konnte die Erkennungsrate des Systems deutlich gesteigert werden (vgl. Kap. 8.2.4, S. 139).

Insgesamt scheint die turkmenische Sprache für eine exakte, formale Beschreibung gut geeignet zu sein, da sie auf allen Ebenen – Phonetik, Morphologie und Syntax – sehr regelmäßig aufgebaut ist und es nur wenige Ausnahmefälle gibt.